세상 속에서 희미한 미래를
두려워하기보다
하나님과 함께 선명한 꿈을 꾸는
청년사역을 꿈꿉니다.
하나님 나라는 세상의 전복을 통해
세워지는 것이 아니라
그리스도의 몸된 교회를 통해
세상에 소개되는 것입니다.

너는 청년의 때에 너의 창조주를 기억하라
곧 곤고한 날이 이르기 전에
나는 아무 낙이 없다고 할 해들이 가깝기 전에
해와 빛과 달과 별들이 어둡기 전에
비 뒤에 구름이 다시 일어나기 전에 그리하라
(전도서 12장 1-2절)

콕 집어 알려주는
청년사역 가이드

© 생명의말씀사 2017

2017년 6월 30일 1판 1쇄 발행
2022년 5월 6일   4쇄 발행

펴낸이 | 김창영
펴낸곳 | 생명의말씀사

등록 | 1962. 1. 10. No.300-1962-1
주소 | 서울시 종로구 경희궁1길 6 (03176)
전화 | 02)738-6555(본사) · 02)3159-7979(영업)
팩스 | 02)739-3824(본사) · 080-022-8585(영업)

지은이 | 조세영, 현철호, 김영석, 심은수

기획편집 | 서정회, 김세나
디자인 | 김혜진
인쇄 | 예원프린팅
제본 | 보경문화사

ISBN 978-89-04-07137-1 (03230)

저작권자의 허락없이 이 책의 일부 또는 전체를
무단 복제, 전재, 발췌하면 저작권법에 의해 처벌을 받습니다.

추천사

목마른 청년사역 현장을 위한 얼음냉수와 같은 책

유 기 성 (선한목자교회 담임목사)

얼마 전까지 청년들의 부흥을 위하여 뜻이 맞는 목회자들과 열심히 모이고 기도하던 때가 있었습니다. 그때 함께했던 조세영 목사, 현철호 목사는 청년사역 현장에서 너무나 놀랍고 신실하게 사역을 감당하고 있었습니다. 이후에 김영석 목사, 심은수 목사의 청년사역과 부흥에 관한 소식을 들으며 얼마나 기뻤는지 모릅니다.

그런데 이 네 분의 목사님들이 청년사역의 현장에서 고민하는 후배 사역자들을 위해 자신들의 사역 경험을 책으로 내어 이제는 함께 공유하게 되었습니다. 네 사람 모두 청년공동체를 건강하게 부흥시킨 열매가 있기에 자신들이 현장에서 얻은 소중한 사역 경험과 부흥의 이야기들을 각자 책으로 써도 충분한데도 오랜 기간 함께 모여 대화하고 토론하여 청년 공동체의 부흥과 성장의 원리들을 함께 추출한 것이라서 더욱 귀하고 의미가 있습니다. 이제는 다들 담임목사가 되어 바쁠텐데도, 각 부분들을 나눠서 집필하고 원고를 모은 방식이 아닌, 진정한 의미의 공동 집필이라 이 책은 너무도 소중한 책입니다.

이 책의 또 다른 강점은 책상에서 쓰인 책이 아니라는 것입니다. 책을 읽다 보면 청년들과 함께 하는 사역 현장이 그대로 전달되는 느낌입니다. 청년사역 현장의 진솔한 고민과 생생한 체험, 그리고 믿음의 실험과 하나님의 은혜의 기록을 담았습니다.

청년부를 담당하는 사역자들의 대부분이 청년사역에 대한 훈련과 준비 없이 청년들을 지도하는 것이 한국교회의 현실입니다. 그래서 많은 시행착오와 어려움을 겪고 있지만, 이러한 청년사역자들에게 추천해 줄 실제적이고 균형 잡힌 좋은 책이 없어 마음 아픈 것도 엄연한 현실입니다. 이러한 때에 나온 이 책은 앞으로 한국교회 청년사역에 있어서 얼음냉수와도 같은 역할을 감당할 소중한 책이 될 것입니다.

배려심, 전문성, 청년성을 담은 탁월한 내비게이션

고 직 한 (YOUNG2080 청년목회자연합 대표)

이 땅의 문명사 속에서 펼쳐지는 구속사적 하나님 나라 운동의 본질은 근본적으로 릴레이 경기에서 보는 바통터치입니다. 앞선 세대가 경험했고, 현세대가 목격했던 하나님 나라의 산 체험을 다음 세대에 전달해서 하나님의 통치가 질적, 양적으로 파급, 확산되게 하여 만인이 그 통치 속에 들어가게 하는 수직적, 수평적 바통터치가 성경의 맥의 핵심이고 세속사의 중심을 관통하는 교회사와 선교 역사의 핵심입니다. 이런 점에서 청년사역은 그저 한 청년 세대를 목표로 해서 일어나는 세대 사역이 아니라 세대 간 사역입니다.

이런 바통터치의 역할을 아주 탁월하게 해낸 '청년사역의 내비게이션'을 보고 저는 무척 기쁘고 흥분이 되었습니다. 그래서 제가 새로이 바통을 이어받는 청년사역 초보자의 심정으로 이 책을 읽어 봤습니다. 읽으면서 나도 청년사역을 위한 면허를 따고 실제 운전을 잘 할 수 있다는 자신감을 확실히 느끼게 되었습니다.

또한 제가 이 책을 읽는 내내, 그리고 그 후 오랫동안 머릿속에 남는 키워드는 배려심, 전문성, 청년성이라는 단어였습니다. 어쩌면 사역기술전수라는 건조한 매뉴얼로 전락할 수 있는데, 이 책은 처음부터 끝까지 따뜻함이 느껴졌습니다. 사역 초보자의 상황을 너무나도 잘 알아 맨땅 헤딩하다가 포기할까 봐 걱정하면서 어떻게든 살리고 도우려는 선배 목자들의 마음을 진하게 느꼈습니다. 한 마디로 갈 바를 모르는 내가 자상한 선배들로부터 인도를 받고 있다는 안정감이 생깁니다.

그러면서 이 책에는 전문성이 곳곳에서 묻어져 나옵니다. 사역 현장에서 경험한 실수와 시행착오뿐 아니라, 그것을 넘어서는 능력 있는 사역에 대한 원리와 실제에서는 권위가 느껴질 정도입니다. 한 목회자의 사역 경험도 대단한데 네 사람이 한 팀이 되어 만들어 낸 이 책의 전문성은 적어도 네 사람 합계 40년의 사역 경험이 쌓여 성화(聖化)된 집단 지성의 결실입니다.

무엇보다 청년성이 이 책 곳곳에 배어 있음을 느꼈습니다. 이들은 더 이상 청년도 아니고 청년 목회자도 아닙니다. 그러나 청년성이 넘쳐 나는 담임목사들입니다. 사무엘 울만의 말처럼 '풍부한 상상력과 왕성한 감수성과 의지력, 인생의 깊은 샘에서 솟아나는 신선함의 청년 스피릿'이 충만한 중견 목회자들입니다.

청년사역을 하거나 꿈꾸는 모든 분들이 이 책을 통해 청년사역자의 배려심, 전문성, 청년성을 이어받아 하나님 나라를 확장하는 거룩한 사명에 능력 있는 바통터치가 일어나기를 간절히 원합니다.

이 책을 만나고 읽는 사람들은 복된 사람들입니다

하 정 완 (꿈이있는교회 담임목사)

세상에서나 교회에서나 청년들에 대한 비관적인 소식만이 전해지는 이 시기에 가슴 뜨거운 희망을 만나게 되었습니다. 척박한 청년목회의 자리에서 오랫동안 청년들을 붙잡고 몸부림쳐 온 네 명 목사들의 사역 이야기를 듣는 것만으로도 가슴이 뛰는 것은 이 책을 통해 이들의 심장의 뜨거움이 느껴지는 경험 때문입니다.

처음 교회를 찾아 나온 청년들을 돌보는 것부터 시작하여 예배, 설교, 소그룹, 기도, 수련회, 전도 등 청년사역의 모든 내용들을 정리한 이 책은 단순히 자료를 모아 나열한 책이 아닙니다. 현장에서 직접 경험한 건강하게 청년공동체를 세우는 원리들을 모아서 토론하여 정리하고, 다시 수정하고 보완하여 최선의 방향을 담아 만든 보석 같은 책입니다. 오랫동안 청년사역을 해 온 사람들은 저와 같은 심장의 떨림을 경험하고 보물을 찾은 기쁨을 느낄 것입니다. 이 책을 만나고 읽는 사람들은 복된 사람들입니다. 분명 청년사역에 대한 놀라운 깨달음과 새로운 방향을 얻게 될 것이기 때문입니다. 그리고 부흥을 꿈꾸며 다시 청년들을 만나는 사역의 현장 속으로 나아갈 용기를 얻게 될 것입니다.

아무리 어려워도
교회가 희망입니다

이 재 훈 (온누리교회 담임목사)

최근 한국 사회에 나타나는 청년들에 대한 이야기를 살펴보면 부정적인 전망을 넘어 비관적이기까지 합니다. 그러나 아무리 어려워도 교회가 희망입니다. 교회 안의 청년들도 삶의 고민과 영적 필요에 대해 답을 얻지 못하고 신앙으로부터 떠나가는 일이 점점 많아지고 있습니다. 청년들에 대한 문제 분석과 진단은 많지만 구체적인 해결점과 대안은 찾기 힘든 시대를 살아가고 있습니다. 이러한 때 청년사역 현장에서 부흥을 경험하고 건강하게 공동체를 세운 목사님들의 청년사역의 원리와 실제를 담은 귀한 책을 만나게 되어 기쁘게 생각합니다.

이 책은 한두 교회 청년부의 사역 보고나 성장을 자랑하는 것이 아닙니다. 이 책의 강점은 건강한 부흥을 경험한 네 명의 사역자들이 공통적으로 추출한 청년사역의 부흥 원리와 기본기를 제공할 뿐만 아니라 실제적인 지침, 그리고 현장 고민까지 풀어주는 세밀한 배려에 있습니다. 청년사역을 시작하는 누구나 쉽게 읽고 사역을 잘 준비할 수 있게 해 주는 귀한 책입니다. 더불어 꼭 청년사역뿐만 아니라 목회사역을 처음 시작하는 전도사님들이나 부목사님 가운데 사역에 대한 기본적인 전 이해와 훈련이 부족한 이들에게도 좋은 지침이 될 것으로 생각합니다. 이 책이 한국교회 청년들을 다시 회복하는 일에 귀하게 쓰이기를 바라며 기쁜 마음으로 모든 사역자들에게 추천합니다.

청년 정신과 예수 정신을 일깨우는 책

김 기 석 (청파교회 담임목사)

어느 시대든 불온함은 청년들의 특권이었다. 기존 질서의 허위의식을 폭로하고 새로운 질서를 지향하는 이들은 기득권자들에 의해 불순한 자라는 낙인이 찍히곤 했다. 그 낙인을 청년들은 영광으로 받아들였다. 길들여진 젊음처럼 슬픈 게 또 있을까? 신자유주의 경제 질서가 세계를 지배하기 시작한 그때부터 젊은이들은 지향을 잃은 채 자기 주위를 맴돌고 있다. 돈이 지배하는 세상은 우리로 하여금 '다른 삶'이 가능하다는 사실을 망각하게 만든다. 로터스 열매를 먹은 오디세우스의 부하들이 귀향을 잊어버렸던 것처럼, 욕망의 회로에 갇힌 이들은 자기들이 왜 이 세상에 왔는지, 어디로 가고 있는지를 묻지 않는다. 꿈이 뭐냐는 질문에 '정규직'이라고 대답하는 젊은이들을 보는 게 고통스럽다.

우리는 예수를 길이라 고백한다. 걷는 이들이 없다면 길도 사라지게 마련이다. 예수는 전쟁과 강압에 의해 유지되던 로마제국에 맞서 사랑과 섬김과 나눔을 통해 열리는 하나님 나라를 선포했다. 이런 예수 정신에 온전히 사로잡힌 청년들이 출현해야 할 때이다. 사자 굴에 던져져도, 풀무 불에 던져져도 굴복하지 않았던 다니엘과 세 친구 같은 사람들 말이다.

젊은이들을 순치시키려는 세태에 맞서 그들 속에 예수 정신을 아로새기기 위해 노력해 온 네 명의 젊은 목회자들이 의기투합하여 써 내려간 이 책은 청년사역을 꿈꾸는 이들 모두에게 귀한 선물이다. 이 책은 섣부른 이념이나 이론을 가르치기 위한 책이 아니다. 청년사역의 현장에서 맞닥뜨린 문제들과 고민들이 고스란히 녹아들어 있다.

개별적 주제에 대해 각자의 견해를 적은 것이 아니라, 진솔하고 뜨거운 논의 과정을 거치면서 공동으로 내놓은 결과물이라는 점을 높이 평가하지 않을 수 없다. 이 책이 이르는 곳마다 청년 정신과 예수 정신이 깨어나고, 무기력을 딛고 일어선 청년들의 힘찬 노랫소리가 들려오기를 기대한다.

젊고, 활기차고,
통찰력이 있으며, 실제적이다

김 형국 (나들목교회 대표목사, 하나복DNA네트워크 대표)

한국교회가 위기인 것은 지역교회의 청년대학부의 약화와 대학 캠퍼스 선교 단체의 위축에서 분명히 드러난다. 주일학교를 들여다보면 문제는 더욱 심각하다. 장년부, 청년대학부, 그리고 주일학교에 이르기까지, 이제는 분석과 비판을 넘어서는 그 이상이 필요하다. 곧 현장에서 이루어지는 연구와 실험, 그리고 임상을 통해서 제시되는 대안이다. 이런 면에서 『콕 집어 알려주는 청년사역 가이드』는 참으로 반갑고 격려가 된다. 청년사역자들답게 책의 구성 또한 젊고, 활기차고, 통찰력이 있으며, 실제적이다. 그래서 이 책은 청년사역을 시작하는 자들에게는 길라잡이요, 경험 있는 사역자들에게는 자신의 사역을 평가해 볼 수 있는 점검표가 될 것이다.

이 소중한 책을 통해서 숫자의 부흥이 아닌 청년 한 명 한 명의 참된 성장과, 교회 안에 갇힌 성장이 아니라 세상 속으로의 침투와 변혁이 일어나게 되기를 기대한다. 예수께서 전하신 하나님 나라의 복음을 청년사역에 현대적으로 적용하는 것만이 오늘날 패배주의에 빠진 청년사역을 위시한 한국교회에 여전한 소망임을 증명하게 되길 기도한다.

CONTENTS

여는 글 _
후배 사역자들이 똑같은 실수를 범하지 않기를 바라는 마음으로

PART 1 청년사역, 두근두근 첫 만남
청년들을 만나기 전에 준비해야 할 것들

CHAPTER. 1   사역 전에 반드시 자신을 거울 앞에 세워야 한다   • 18
CHAPTER. 2   신뢰를 얻는 일이 가장 우선이다   • 22
CHAPTER. 3   비언어적 커뮤니케이션도 중요하다   • 34
CHAPTER. 4   공동체를 정확하게 분석하는 시간이 필요하다   • 38

PART 2 청년사역, 기본 중에 기본
가장 집중해야 할 영적 기본기

CHAPTER. 5   청년공동체의 부흥 키워드, 예배   • 50
CHAPTER. 6   청년을 움직이는 원동력, 설교   • 76
CHAPTER. 7   마음을 모으는 기도회   • 106

PART 3 — 청년사역, 플러스의 힘
하나로 모여 성장하는 청년공동체

- CHAPTER. 8 하나님을 생각나게 하는 **소그룹** • 126
- CHAPTER. 9 평생 가는 **또래모임** • 150
- CHAPTER. 10 공동체를 건강하게 세우는 **사역팀** • 164

PART 4 — 청년사역, 성장과 성숙의 통로
변화와 은혜를 경험하는 특별한 시간

- CHAPTER. 11 따스함이 묻어나는 **전도축제** • 178
- CHAPTER. 12 변화를 꿈꾸는 **수련회** • 188
- CHAPTER. 13 하나님 나라를 경험하는 **단기선교** • 206

나가는 글_ 들불처럼 일어나는 청년공동체의 부흥을 꿈꾸며

부록 청년사역 고민 Q&A (청년사역자를 위한 특별 처방전) • 253

여는글

후배 사역자들이
똑같은 실수를 범하지 않기를
바라는 마음으로

교회 현장에서 청년들을 담당하는 사역자들은 대부분 청년사역에 대한 준비와 훈련 없이 '맨땅에 헤딩'하면서 공동체에서 사역을 합니다. 청년사역을 위한 교단 차원의 전문훈련과정이나 신학대학 교과과정에서도 청년사역에 대한 배움과 훈련이 전혀 없기에 개개인이 필요에 따라 각자 각개전투로 수많은 시행착오를 거치며 사역을 하고 있는 실정입니다.

청년사역자의 준비와 훈련, 자질 부족은 청년들과 교회의 미래에 막대한 영향을 미치게 됩니다. 청년사역에 대한 분명한 이해와 구체적인 사역 방법을 모르는 가운데 이루어지는 주먹구구식 청년사역은 소경이 소경을 인도하는 것과 같습니다. 그래서 최근에는 부흥하고 성장하는 청년공동체를 찾아보기 힘들고 교회마다 청년들은 계륵 같은 존재가 되어가고 있습니다.

맨땅에 헤딩하며 얻은 소중한 경험

이러한 시기에 각 교회에서 청년공동체를 건강하게 부흥시킨 4명의 사역자들이, 자신들이 맨땅에 헤딩해 가며 얻은 소중한 사역 경험과 부흥의 열매들을 정리하여 책으로 내놓게 되었습니다. 이곳에 쓰인 청년사역 이야기들은 4명의 사역자들이 각 부분들을 나눠서 집필하고 원고를 모은 책이 절대 아닙니다.

지난 2년의 시간 동안 4명의 글쓴이들이 모여 가장 중요한 청년사역의 부흥과 성장의 원리들을 오랜 시간 대화하고 토론하여 추출한 내용을 정리한 것입니다. 진정한 의미의 공동집필이자 치열한 땀의 결정체라 할 수 있습니다. 후배 사역자들이 똑같은 실수를 범하지 않기를 바라는 마음으로 꼭 전해주고 싶은 청년사역 핵심을 기록한 것이지요.

이 소중한 이야기들이 교회의 미래이자 희망인 청년들을 세우는 각 교회 청년사역자들에게 작은 도움이 되고, 새벽이슬 같은 청년공동체들이 시대의 어두움을 넘어 부흥하는 밑거름으로 쓰이기를 간절히 소망합니다.

2017. 6월
조세영, 현철호, 김영석, 심은수

PART 1

청년사역,
두근두근 첫 만남

청년들을 만나기 전에
준비해야 할 것들

청 년 사 역 가 이 드

CHAPTER. 1
사역 전에 반드시 자신을 거울 앞에 세워야 한다

CHAPTER. 2
신뢰를 얻는 일이 가장 우선이다

CHAPTER. 3
비언어적 커뮤니케이션도 중요하다

CHAPTER. 4
공동체를 정확하게 분석하는 시간이 필요하다

CHAPTER. 1

사역 전에 반드시
자신을 거울 앞에 세워야 한다

- 청년사역은 함께 성숙하고 성장해 가는 과정이다
- "내가 청년이라면 어떤 사역자에게 권위를 줄까?"

청년공동체를 맡게 된 사람에게는 늘상 두 마음이 공존한다. 그것은 청년들과 함께 만들어 갈 행복한 사역에 대한 기대감, 그리고 꼭 그만큼의 두려움이다. 하나님과 함께하는 미래에 대한 희망과 이미 경험한 자신의 한계에 대한 절망이 뒤섞이는 순간이다. 당신만 그런 것은 아니다. 누구나 그렇다.

하나님께서 청년공동체를 통해 이루어 가실 일들을 상상하면 얼마나 행복한가? 하지만 동시에 '혹시 내가 장애물이 되면 어쩌나?' 하는 걱정이 앞서는 것도 너무도 당연한 일이다.

일전에 은퇴하신 선배 목사님께서 진지하게 당부하시던 말씀이 생각난다. 이런 상황에서 가져야 할 사역자의 마음을 설명해 주셨다.

"이 사실을 꼭 기억해야 한다. 우리는 교회를 성장시킬 능력은 없다. 그건 하나님께서 허락하셔야만 누리는 축복이다. 이름뿐인 교회라면 제힘으로도 할 수 있겠지만 참된 성도의 모임이라면 그렇게 성장하는 법은 없다. 그런데 우리가 혼자서도 할 수 있는 일이 있다. 교회를 무너뜨리는 일이다. 그러니 항상 우리는 두려운 마음으로 거울을 볼 줄 알아야 한다."

청년사역은 함께 성숙하고 성장해 가는 과정이다

　성숙한 채로 태어나는 사람은 아무도 없다. 사역자도 마찬가지다. 청년공동체는 대개 청년 같은 사역자가 담당하게 된다. 소통이 그 이유다. 그러나 젊음이 갖는 매력도 분명 있지만 젊기 때문에 미숙한 점도 있다. 사역자가 미숙하면 신앙공동체의 부흥을 가로막는 장애물이 될 수도 있다. 이는 사역자의 성숙이 교회의 미래와 연관 있다는 뜻이다. 교회 안에서 경험하는 많은 문제가 외부적 요인으로 생기는 것만은 아니다. 자신을 돌아보지 못하는 데서 오는 내적요인의 결과일 때가 많다.

　미숙하면 거울을 보지 않는다. 자신의 모습을 솔직하게 볼 용기가 없기 때문이다. 자신을 보지 못하니 문제는 온통 다른 사람의 몫이 되고 만다. 그래서 사역을 시작하기에 앞서 반드시 자신을 거울 앞에 세워야 한다. 그리고 하나님께 구하며 성실하게 노력할 부분이 무엇인지 솔직하게 인정해야 한다.

　청년사역은 함께 성숙하고 성장해 가는 과정이다. 사역자의 자리에 앉았다고 당연히 그들을 이끄는 리더가 되는 것은 아니다. 미숙한 사역자일수록 성숙한 사람인 것처럼 가면을 쓴다. 청년사역자가 된다는 것은 그들을 판단하고 가르치는 교사가 되는 것이 아니라 그들과 함께 가는 친구가 되는 것이다. 함께 거울 앞에 서서, 서로를 더욱 아름다운 그리스도의 형상으로 빚어가는 관계를 맺는 것, 이것이 청년사역의 핵심이다.

"내가 청년이라면 어떤 사역자에게 권위를 줄까?"

요즘 청년들은 사역자라고 해서 무조건 권위를 인정하지 않는다. 그런 봉건적 권위의 시대는 이미 흘러간 지 오래다. 권위는 위에서 요구하는 것이 아니라 아래로부터 부여받는 것이 되었다. 그래서 아무리 훌륭한 사람이라도 처음부터 권위를 얻을 수는 없다. 그것을 좁혀 가는 것이 누구에게나 주어진 과제이다.

이 지점에서 스스로에게 질문 하나를 던져 보도록 하라. "내가 청년이라면 어떤 사역자에게 권위를 줄까?" 이 질문이 당신의 오늘을 비추는 거울이 될 것이다. 여기서부터 모든 이야기는 시작된다.

CHAPTER. 2

신뢰를 얻는 일이
가장 우선이다

- 공동체의 성장을 통해 증명하고픈 마음을 내려놓기
- 관리하지 말고 사랑하라
- 교회를 위해 청년이 존재하는 것은 아니다
- 놀라움의 대상이 되어 보라
- 시간으로 증명하겠다는 마음을 가져라

청년들은 좋은 말이 아니라 결국 좋은 사람의 말을 듣기 마련이다. 사역자의 사람됨이 청년들에게 하나님의 말씀을 전하는 통로가 된다는 의미이기도 하다. 청년들에게 선한 영향력을 미쳐야 하는 것이 청년사역자의 소명이다. 그렇다면 그들의 귀를 여는 말씀의 통로가 되는 것이 우선이다.

여기저기서 좋은 말들을 외우는 것으로는 충분하지 않다. 좋은 말로 포장된 위선은 금세 들통나고 말 것이다. 여러분도 그런 사람은 금세 알아차릴 수 있지 않은가? 말은 근사하게 하면서 인격이 근사하지 않은 사람은 미간을 찌푸리게 한다. 그런데 이런 사람의 말을 어찌 들을 수 있겠는가? 물건을 살 때도 요즘에는 광고보다 신뢰할 수 있는 친구의 말을 듣는다고 한다.

너무 많은 정보가 있기 때문에 포장된 광고보다 진실한 사람의 말에 더욱 신뢰를 느끼는 것이다. 그렇다면 청년사역자로서 우리가 노력해야 할 일이 더 선명해지지 않는가?

공동체의 성장을 통해 증명하고픈 마음을 내려놓기

당신은 어떤 사람에게 영향을 받았는지 생각해 보라. 당신에게 영향을 주려고 하는 사람이었나? 아니면 당신이 영향을 받고 싶은 사람이었나? 당연히 후자일 것이다. 영향력은 주려고 할 때가 아니라 허락을 받을 때 흘러가게 된다.

청년사역자가 가장 먼저, 가장 깊이 기도하며 준비해야 할 일이 있다면 청년들의 신뢰를 얻는 일이다. 그들에게 인기를 구하는 것이 아니라 그들의 마음을 얻는 일이다.

어떤 사역자는 인기를 얻는 것이 사역의 성공이라 여기는지도 모르겠다. 물론 사람들이 좋아하는 사역자가 되는 것이 나쁜 일은 아니다. 하지만 그 좋아한다는 표현이 담고 있는 의미는 반드시 살펴보아야 한다. 사역자의 매력을 흠모하게 만드는 것과 사역자의 인격에 감동하는 것은 무언가 달라도 많이 다르기 때문이다.

후자를 '사람을 얻는 일'이라 정의하고 싶다. 인기를 얻으려면 철저히 사람들과 달라야 하지만 사람을 얻으려면 철저히 그들과 같아져야 한다. 바울이 고린도전서 9장 19절에서 '내가 모든 사람에게서 자유로우나 스스로 모든 사람에게 종이 된 것은 더 많은 사람을 얻고자 함이라'고 말한 것은 바울이 고민한 철학의 결과가 아니라 그가 만난 예수님의 방식이었기 때문이다.

인기를 구하는 것이 나쁜 것은 아니지만 예수님을 닮는 것은 아니다. 인기를 구하다 보면 정말 얻어야 할 사람을 얻기 어려워지기 때문이다.

사람을 얻는다는 것, 그것은 그의 마음을, 그의 신뢰를 얻었다는 뜻이다. 자신의 삶에 영향을 미쳐달라고 허락을 받았다는 뜻이기도 하다. 교회에 나오는 사람을 단순히 늘리는 일은 인기로도 가능하지만 예수님의 인격을 닮아가며 사람을 세워가는 일은 인기로는 어렵다. 혹시 당신 마음에 청년공동체의 성장을 통해 자신을 증명하고 싶은 욕심은 없는가? 때로는 이런 마음이 우리의 열심을 끌어내는 연료가 되기도 한다.

하지만 한 사람 한 사람을 사랑하는 데 있어서는 가장 큰 장애물이 될 수도 있다. 청년사역을 하는 동안, 더 나아가서는 우리가 사역자로서의 소명을 다하는 순간까지 우리는 이 마음과 싸워야 하는지도 모른다.

하지만 당신이 그런 마음만 갖고 있지 않다는 것도 안다. 사람을 세우고 싶다는 더 큰 꿈이 우리를 청년사역에 부르신 하나님의 뜻이라 믿고 있을 것이다. 그 뜻을 위해서라면 인기보다 사람을 세우는 일, 마음과 신뢰를 얻는 일이야말로 가장 분명한 도구일 것이다.

'어떻게 하면 신뢰를 얻을 수 있을까?'라는 질문은 책이 아니라 현장에서 던져져야 할 질문에 가깝다. 각 교회의 상황과 구성원에 따라 조금씩 특별한 접근이 필요할 수도 있기 때문이다. 하지만 일반적인 의미에서 청년들의 신뢰를 얻어가는 과정을 생각해 보았다.

관리하지 말고 사랑하라

자신이 관리 대상이라고 느껴지면 누가 마음을 열 수 있겠는가? 친절한 눈빛과 말투를 갖고 있더라도 내가 정말로 좋아서가 아니라 나에게 무언가를 팔거나 이익을 얻으려고 접근하는 사람이라면 그에게 마음을 줄 수 없을 것이다.

많은 경우, 사역자들이 그런 실수를 범한다. 주일에 교회에 나오지 않은 성도들에게 전화심방을 한다는 명분으로 그들을 다그치거나 심문하는 경우를 본다.

"어제 왜 안 나왔어요?" 이미 깊은 인격적인 관계가 형성된 사이라면 이런 질문이 불가능한 것은 아니다. 하지만 전화를 거는 경우가 모두 이 질문을 위한 것이라면 청년들도 지치는 것이 당연하지 않겠는가? 사역자의 사랑을 느끼는 것이 아니라 관리되고 있다는 불편한 감정을 경험할 것이다.

이런 전화는 '나는 네가 어제 교회에 나오지 않았다는 것을 알고 있다. 너를 지켜보고 있다. 청년이 주일을 범하는 것은 잘못이다. 다음 주에도 안 나오면 또 전화할 거야.'라는 협박처럼 느껴질 때도 있다.

교회를 위해 청년이 존재하는 것은 아니다

전화를 친절한 말투로 나긋나긋하게 거는 것이 핵심이 아니다. 어떤 마음을 갖고 청년을 대하느냐가 중요하다. 친절한 태도를 가진 무례함이야말로 가장 우리를 화나게 만드는 일이지 않은가? 친절한 것이 사랑이 아니라 사랑이 친절을 만들어 내는 것이다. 사랑이 없는 친절을 가식이라 하고 친절을 입은 사랑을 배려라고 말한다. 청년들은 그것을 보고 싶어 한다.

요즘 시대는 진정성이 가장 중요한 화두가 되고 있다. 정치인에게도, 기업인에게도, 공직자와 심지어 연예인에게도 같은 잣대를 대고 있으니 말이다. 그러니 사역자는 두 말 할 것도 없다. 각종 매체가 발달하면서 모든 것이 공개되고 정보들이 공유된다. 투명해야 한다는 것이 시대적 요구이다. 다시 말하면 그렇게 투명해진 일상 속에서 진실한 마음을 보고 싶어 한다는 뜻이다.

마음은 전화심방을 할 때만 필요한 것이 아니라는 것을 당신도 이미 간파했을 것이다. 목회의 전 영역에 필요한 핵심원리다. 설교를 준비할 때도, 행사를 마련할 때도 마찬가지다.

청년이 관리의 대상이 아니라 사랑의 대상이 되려면 그들을 수단이 아니라 목적으로 보아야 가능하다. 청년들을 교회의 성장을 위한 개체들의 군집이 아니라 하나님 나라를 경험하며 부활의 생명 가운데 살아야 할 위대한 인생들로서 대해야 한다. 교회를 위해 청년이 존재하는 것이 아니다.

청년들의 젊음을 아름답게, 인생을 가치 있게 살기 원하시는 하나님의 뜻을 위해 청년들을 당신에게 맡겨주신 것이다. 청년들은 자신의 인생을 하나님의 마음으로 바라보는 사역자를 기다리고 있다.

자신도 모르게 수단으로 대하려는 마음을 하나님께 맡겨 드리고 다스림을 받아, 우리를 목적으로 삼으시고 십자가 지신 예수님을 닮아가는 사역자가 되기를 꿈꾸라. 신뢰라는 나무는 거기에서 싹을 틔울 것이다.

청년사역 가이드 (tip)

심방전화, 간섭으로 느끼지 않게 하려면?

전통적으로 화요일이 지나기 전에 결석자를 심방해야 한다는 건 사역자 사이에서는 불문율과 같이 공유하고 있는 사실이다. 그런 심방전화가 아직 주일 성수를 몸에 익히지 못한 성도들이 새로운 습관을 가질 수 있도록 돕는 긍정적인 장치가 된다는 것을 부인하고 싶지는 않다. 분명 그런 전화가 필요한 사람도 있을 것이다.

그럼에도 청년사역자에게는 권하고 싶지 않다. 청년들은 그 전화를 관심으로 느끼기보다 간섭으로 느끼는 경우가 많기 때문이다. 그들은 예수님을 참으로 영접하였기 때문에 교회에 나오는 것이 아니라 대개는 기독교를 경험하기 위해서 나온다. 오히려 역으로 주일에 참석하였을 때 화요일이 가기 전에 전화를 해서 지난 주일의 예배와 소그룹에 대해서 물어보는 것이 보다 그들을 존중하는 자세일 것이다.

만약 결석하였다면 조금 기다려서 금요일 즈음에 이번 주일에 드려질 예배와 모임을 소개하며 권면하는 것이 좋다. 좋은 것을 제안받는 것과 실수한 것을 지적받는 것 중에 당신이라면 어느 쪽이 사랑받는 느낌을 주겠는가?

놀라움의 대상이 되어 보라

진실한 마음으로 청년들을 대하는 것이 신뢰의 열쇠를 소유하는 일이라면 그다음 단계는 열쇠를 돌려 빗장을 여는 일이라 할 수 있다.

단단하게 잠긴 마음의 문은 빗장이 열리는 어떤 계기가 있어야 한다. 열쇠는 스스로 돌아가지 않는다. 무언가에 놀라는 순간이 있어야 한다. 이것이 두 번째 단계이다. 청년들에게 놀라움의 대상이 되는 일이다. 우리들은 무언가에 놀랐을 때 눈을 뜨고, 귀를 열고, 마음의 빗장을 풀어 영향을 받을 준비를 하지 않는가?

그러니까 우리가 하나님의 진리의 통로, 은혜와 복의 통로가 되려 한다면 놀라움의 대상이 되어야 하는 것은 그리 새로운 이야기가 아니다.

성경에서 만나를 주시는 하나님의 마음에서 그 원리를 찾아보자. 하나님의 은혜에 날마다 놀라는 사람이라야 하나님의 말씀을 청종한다. 그것을 보여주시기 위해 광야에서 이스라엘에게 만나를 주신 것이라는 견해에 슬쩍 얹혀가고 싶다. 놀라움이라는 뜻의 '만후'라는 단어가 '만나'의 어원이라는 분석도 이 견해를 지지한다.

매일 아침마다 하루의 생명을 지켜주는 하나님의 선물 앞에서 놀라는 것이 광야를 건너는 믿음의 사람들에게 바라시는 하나님의 뜻이라는 것에 동의한다. 그 은혜에 놀라는 자가 어떻게 그것을 주시는 하나님의 말씀을 소홀히 대할 수 있을까? 어찌 하나님 은혜의 영향 아래 거하지 않을 수 있을까?

미국 시카고에 있는 윌로우 크릭 교회를 방문했을 때 주차 봉사를 하던 성도와 대화를 나눈 적이 있다. 환한 미소로 영어가 어설픈 젊은 동양인을 안내하는 모습이 아직도 눈에 선하다. 그분이 신나서 자랑하던 이야기가 오래도록 기억에 남는다.

"우리 교회에는 수천 명의 자원봉사자가 있어요. 미국교회는 잘 모이지 않는다고 하는데 우리는 그렇지 않아요. 매일 교회에 모이기를 힘쓰지요. 수요일, 목요일에는 헌신자들을 위한 예배가 있고 토요일, 일요일에는 구도자들을 위한 예배가 있어요. 그 외에도 다양한 모임들이 있어요. 그런데 더 놀라운 건 우리가 매일 모일 때마다 우리는 매번 하나님의 은혜에 놀란다는 거예요. 모임을 인도하시는 목사님들께 늘 감사드려요."

매일 놀라는 성도들의 마음과 매일 놀라움의 도구가 되는 사역자들의 성실함에 모두 감탄했다.

뛰어난 재능이 있어야 놀라움의 대상이 되는 것이 아니다. 기대를 넘어설 때, 의무를 초월할 때, 일상을 극복할 때 사람들은 놀라고 감동한다. 지성의 빛을 보기도 하고, 감성의 따뜻함을 경험하기도 하고, 영성의 투명함을 발견하기도 한다. 우리는 예수님이 성육신하신 것에 놀라지 않는가? 하나님과 본체시기 때문에 내려오실 리 없다는 기대를 넘어선 것에 놀라는 것이다. 의무를 초월하여 내려오신 것에 감동하는 것이다.

가진 것이 없고, 똑똑하지 않아도 놀라움의 대상이 될 수 있다. 세상은 오히려 그런 평범한 사람이 보여주는 놀라운 일을 더욱 기다리고 있다. 작은 자의 헌신이 도리어 하나님의 크심을 더욱 선명하게 드러낸다. 무지한 자의 지혜가 그 공급자가 되시는 하나님의 진리를 더욱 자랑한다.

하나님께서 당신에게 주신 것들이 가장 빛날 수 있게 하라. 지성, 감성, 태도, 인격, 설교, 찬양 등 무엇이든 상관없다. 사람들이 기대하는 수준을 넘어서는 일은 쉽게 되지 않는다. 땀과 노력, 헌신과 정성이 담겨야 놀라움이라는 열매가 맺히기 마련이다.

어떻게 청년들의 마음을 열 수 있을까를 고민하는 전문가가 되어 보라. 그 고민이 있는 사람이 어떻게 설교를 함부로 준비할 수 있겠는가? 그냥 이번만 어떻게 슬쩍 넘어가고 싶다는 마음을 품을 수는 없을 것이다.

행사를 준비하면서 자신도 즐겁지 않고 가슴 뛰지 않는 일에 어떻게 청년들을 참여시킬 수 있겠는가? 그러고 보면 놀라움은 재능의 문제가 아니라 실은 청년들을 얼마나 사랑하는지에 대한 태도의 문제인지도 모른다.

시간으로 증명하겠다는 마음을 가져라

단 몇 번의 관심과 배려로는 사람의 마음을 움직일 수 없다는 것을 기억해야 한다. 사역자가 빠질 수 있는 자기 함정이 있다면 사람들의 반응을 통해 자신을 증명하겠다는 생각이다. 이건 아주 위험하다. 작은 오해에 크게 절망하기도 하고, 사소한 문제에 중대한 실수를 저지르기도 한다.

멀리 보지 않기 때문이다. 한 번의 사랑이 한 번의 칭찬으로 돌아와야 한다는 그릇된 공식을 갖고 있기 때문이다. 간혹 그 공식에 따라 반응이 오는 경우도 있을 것이다. 하지만 그것에 기대어 산다면 그만큼의 신뢰 밖에 얻을 수 없을 것이다.

시간으로만 증명되는 인간됨이 있다. 오랜 시간 한결같이 보여준 신의가 주는 안정감, 형편이 달라져도 변함없는 신앙이 주는 신뢰감이 있다. 많은 일을 함께 경험하고 함께 의논하며 선택했던 일들이 쌓여서 알려주는 그 사람의 인간됨이 있다는 말이다. 이것이야말로 청년사역자가 너무도 호흡이 가쁜 세대들에게 보여줄 수 있는 의미 있는 가르침이다. 긴 호흡으로 자신을 설명하는 법말이다.

한결같다는 것은 실은 사람에게 어울리는 단어가 아니다. 사람은 변한다. 마음도, 생각도, 얼굴도, 다 변한다. 한결같은 것은 하나님의 성품이다. 하나님을 참으로 모시고 인도함을 받아 닮아가는 사람의 자질이다. 사역자가 그렇게 사역하고 살아가는 것을 보여준다면 청년들도 배울 것이다.

청년들은 쉽게 마음을 주기도 하고 걷어가기도 한다. 그것에 너무 쉽게 좋아하고 너무 빨리 슬퍼하면 청년들은 결국 자신들과 다를 바 없는 당신의 모습에 실망하고 말 것이다. 하지만 한결같이 사랑하고 일하고 기다리면 그 마음을 결국에는 느끼고 비로소 깊숙한 곳에 챙겨두었던 마음을 건네줄 것이다.

처음부터 너무 진지한 이야기로 시작했지만, '원리는 진지하게, 실행은 유쾌하게' 해야 한다고 생각한다. 진지한 원리를 갖고 있다고 늘 무게 잡는 모습은 별로 매력이 없다.

청년들과 대화하기 싫다면 무게 잡으면 된다. 목소리를 깔고 그동안 보아 왔던 목사님들의 모습을 흉내 낸다면 가장 빠른 시간 안에 사역을 내려놓을 수 있을 것이다.

목소리부터 관리해야 한다. 어른 시늉이 아니라 어른의 생각을 가져야 한다. 편하게 자신의 이야기를 털어놓고 싶은 사람의 목소리를 상상해 보라. 그리고 그 목소리를 준비한 후에 청년들과 만나면 될 것이다.

비언어적 커뮤니케이션도 중요하다

- 첫 만남에서 태도가 훨씬 중요하다
- 청년을 웃게 하라
- 잘 질문할 수 있는 사역자가 되라

청년들을 만날 생각을 하면 가슴부터 두근거린다. 참 기분 좋은 긴장감이다. 옷매무새를 가다듬고 머리도 신경 써 보는 것은 어떨까? 당신은 그런 스타일이 아니라고 말하지 마라. 신경 쓰지 않아도 되는 사람은 아무도 없다. 요즘은 너무 외모만 신경 쓰는 것이 문제가 되는 시대지만 반대로 외모에 신경 쓰지 않는 것도 무례한 일이다. '나는 외모보다 본질에 관심을 갖는다'라고 말하면 어떤 행동이든 용납되는 것은 아니다.

연예인처럼 왁스를 바르고 말끔한 수트를 입어야 할 필요는 없다. 사역자가 외모를 가꾸는 것이 너무 과하면 오히려 반감을 사기 쉽다. 하지만 적어도 이 만남을 기다리고 있었다는 비언어적 의사소통은 가능해야 한다. 나는 이러저러한 마음가짐으로 너를 만나고 있다고 말로 설명하기보다 단 0.3초 안에 말없이도 정확하게 보여줄 수 있는 방법이다.

첫 만남에서 태도가 훨씬 중요하다

옷매무새와 머리 손질이 끝났다면 목소리와 제스처, 그리고 눈빛을 확인해 보라. 이 일은 정말 중요한 일이다. 사람들은 말로 대화하는 것 같지만 실은 비언어적 커뮤니케이션으로 더 많은 대화를 나눈다.

첫 만남에서 나눌 이야기의 내용보다 첫 만남에서 보여줄 당신의 태도가 훨씬 더 중요하다. 목소리는 그저 타고나는 것으로 생각하기 쉽지만 그 목소리 톤은 내가 선택하는 것이다. 좋은 마음을 가지면 목소리에 그 마음이 담긴다. 못된 마음을 가지면 신기하게 목소리가 그 마음을 표현한다. 제스처도 그렇다. 연습한 손짓은 어색한 연기처럼 보이고 자연스런 제스처는 열정과 진심을 담아낸다. 눈빛은 굳이 말하지 않아도 우리 모두가 가장 잘 사용하는 의사소통 수단이다.

청년을 웃게 하라

청년들과 만나는 것은 단지 오락과 재미를 위한 것은 아니다. 하나님께서 맡겨주신 영혼을 돌보기 위한 시간임을 잊지 말라. 그렇다고 너무 진지하거나 거룩해 보이려고만 노력하지 말라. 만약 당신이 그렇게 한다면 청년은 자신이 사랑받는다고 느끼기보다 당신이 사역자로서의 이미지를 관리한다고 느낄 것이다.

본질적으로 청년들과의 만남은 심방이다. 그래서 하나님의 마음으로 대해야 하는 것이 옳다. 그럼에도 청년들을 만날 때에는 반드시 즐거움의 요소가 있어야 한다. 사람의 마음을 여는 데에는 웃음만큼 좋은 것도 없다. 청년의 마음을 편하게 해 주어야 웃음도 난다. 무게 잡고 있으면 오던 웃음도 달아난다. 청년의 이야기를 경청하고 적극적으로 리액션해 주어야 한다. 단, 절대로 과하게 하지 마라. 그건 마음의 반응이 아니라 의도적 연기일 때가 많다. 그저 힘써서 이야기를 들어주라. 그가 말하는 것이 어떤 의미인지 놓치지 않으려고 하는 모습 자체가 청년들에게는 감동으로 느껴질 것이다.

많이 만나는 것도 중요하지만 한 번의 만남이라도 또 만나고 싶은 근사한 인간미를 보여주는 것이 중요하다.

잘 질문할 수 있는 사역자가 되라

이야기를 나눌 때는 절대로 혼자 이야기하지 말라. 청년들이 사역자를 만나는 이유는 사역자의 지식을 확인하거나 경험담을 들으려는 것이 아니다. 오히려 그 반대인 경우가 대부분이다. 청년들은 자신을 보여주고 싶고 자신의 경험을 나누고 싶은 것이다. 그러니 그들이 충분히 즐겁게 이야기할 수 있도록 잘 질문하는 사역자가 되라.

이야기를 들으며 그다음 이야기를 궁금해하고 질문을 하면서 지금까지 들은 이야기를 잘 이해하고 있다는 것도 보여주는 것이 좋다. 청년들은 좋은 이야기를 들은 집회보다 자신들이 더 많이 고백한 모임을 기억한다. 첫 만남이니 사역자도 자신을 보여주어야 한다. 어떻게 보여주려고 하는지가 관건이다. 사역자의 마음과 지혜는 그들의 이야기를 들으며 보여주는 리액션에 담는 것이다.

긴 이야기로 자신을 증명하려는 것도 조급한 마음이 만들어 낸 불순물이다. 하나님을 사랑하는 마음, 예수님을 닮아가려는 노력이 길고 장황한 설명이 아니라 청년을 바라보는 눈빛에, 그들의 이야기에 반응하는 몸짓에, 함께 기뻐하고 함께 아파하는 표정에 담겨야 한다.

CHAPTER. 4

공동체를
정확하게 분석하는 시간이
필요하다

- NCD(자연적 교회성장) 설문조사
- young 2080 하우스다이어그램
- S.W.O.T
- 청년공동체를 바라보는 다양한 시선
- 청년사역자로서의 자기 분석

사역자만 거울에 비춰 보아야 하는 것은 아니다. 당신이 이끌어 갈 청년공동체와 그 공동체가 속한 교회도 거울에 비춰 보아야 한다. 정확하게 공동체의 상황과 처한 형편을 알아야 극복해야 할 과제도, 도전해야 할 목표도, 해결해야 할 문제도 눈에 보이는 것이다.

개인적인 느낌이나 선입견으로 판단하기보다 검증된 분석도구들을 사용하는 것이 보다 객관적이고 정확한 정보를 얻는 데에 도움을 줄 것이다.

NCD(자연적 교회성장) 설문조사

1000개 교회 이상의 데이터베이스를 중심으로 발견한 교회의 8가지 질적 특성과 유기체적 교회의 6가지 원리를 바탕으로 교회를 진단할 수 있는 도구이다.

특별히 자연적 교회성장에서 중요하게 여기는 것은 최소치의 원리라는 것인데 교회의 질적 특성 중 가장 부족한 부분을 발견하는 데 도움을 줄 것이다. 그 부분을 끌어 올릴 때 공동체는 건강을 되찾고 성장하기 시작한다는 이론이다.

교회를 유기체적으로 이해하고 균형 잡힌 건강에 관심을 갖게 하는 좋은 기회가 될 것이다.

건강하게 교회를 성장하게 하는 8가지 질적 특성

1. 사역자를 세우는 지도력
2. 은사 중심적 사역
3. 열정적 영성
4. 기능적 조직
5. 영감 있는 예배
6. 전인적 소그룹
7. 필요중심적인 전도
8. 사랑의 관계

〈www.ncdkorea.net 참조〉

young2080 하우스다이어그램

'young2080(청년목회자연합)'은 오랫동안 청년을 위해 헌신한 사역자들이 함께 모여 만든 청년선교 전문 기관이다. 한국에서 청년사역을 이야기하면서 이 기관을 빼놓을 수 없을 만큼 중요하고 의미 있는 영향을 미치고 있다.

하우스다이어그램이라는 것은 청년공동체를 세워가는 과정에 있어서 무엇이 기초가 되어야 하는지, 무엇이 든든히 서 가야 하는지를 집 짓는 것과 같은 이미지 구조를 통해서 이해할 수 있도록 돕는 도구이다. 튼튼한 공동체를 세우려면 기초공사부터 든든해야 한다.

첫걸음을 내딛는 시점에서 꼭 한 번 확인해보고 배워야 할 도구이다. 당신이 맡은 공동체를 이 도구에 비추어 분석해 본다면 여러 가지 다양한 아이디어들을 얻을 수 있을 것이다.

〈www.young2080.com [청년목회자연합] 참조〉

S.W.O.T

본래는 기업의 환경 분석 툴이다. 그 기업의 강점(strength)과 약점(weakness), 기회(opportunity)와 위협(threat) 요인을 규정하고 이를 토대로 전략을 수립하는 기법을 말한다. 정확하게 이 툴을 사용하지 않는다 하더라도 이런 관점에서 새롭게 바라보는 것도 좋다.

1. SO전략(강점-기회전략) : 청년세대의 기회를 활용하기 위해 강점을 사용하는 전략을 선택한다.
2. ST전략(강점-위협전략) : 청년세대의 위협을 회피하기 위해 강점을 사용하는 전략을 선택한다.
3. WO전략(약점-기회전략) : 약점을 극복함으로써 청년세대의 기회를 활용하는 전략을 선택한다.
4. WT전략(약점-위협전략) : 청년세대의 위협을 회피하고 약점을 최소화하는 전략을 선택한다.

지금까지 공동체가 처한 상황에 대해서 정확하게 진단할 수 있는 틀을 제공하였다. 지금 내가 속한 공동체와 교회의 강점과 약점을 솔직하게 인정하고 파악하는 것에서부터 시작해야 한다. 교회의 위치, 주변 환경, 접근성, 교회 구성원 등에 대해 분석해 보는 것이다. 또한 이루어지고 있는 사역, 개인적인 역량, 공동체의 팀워크 등도 돌아보아야 할 부분이다.

이를 통해 자연스럽게 무엇이 강점인지가 나타날 것이고, 어떤 부분이 한계인지도 드러날 것이다. 더불어 주변의 환경과 상황에 있어서도 어떤 부분이 기회로 작용할 수 있는지, 혹은 위협 요소로 다가오고 있는지를 분석할 수 있고, 한 발 앞을 내다보는 계획을 세우는 데에 있어서 큰 도움을 줄 것이다.

청년사역 가이드 tip

사역자 컨설팅

위에서 제시한 도구들을 어떻게 사용해야 할지, 도대체 청년사역을 어떻게 해야 할 지 막막하다면 가장 좋은 방법은 신뢰할 수 있는 사역자에게 컨설팅을 하는 것이다.

가까이에 도움과 조언을 줄 사역자가 있다면 너무도 다행스런 일이지만 그렇지 않다 해도 포기하지 말라. 생면부지의 사역자에게 연락을 해서 가르쳐 달라고 하는 것이 여간 어려운 일이 아니라는 것을 알고 있지만 어려운 만큼 얻을 것도 많다.

미리 연락을 해서 여유 있게 약속을 잡고 질문할 내용들을 준비해 가도록 하

라. 그분의 사역에 대해서도 조사해 보고 미리 모니터링 한다면 묻고 싶은 부분들이 보다 명확해지고 본인의 사역에 적용할 수 있는 범위도 구체화 될 것이다. 그리고 그렇게 하는 것이 서로에 대한 예의다.

아무 준비 없이 무작정 가르쳐 달라고 찾아오는 사람처럼 마음을 힘들게 하는 경우도 없다. 마치 당연히 가르쳐 주어야 하는 의무가 있는 것처럼 대하는 태도도 감정을 상하게 한다. 컨설팅을 해준다고 돈을 받는 사역자가 어디 있을까? 적어도 그분의 시간과 경험과 지혜를 나누는 일이라면 그만큼의 준비와 감사가 있어야 하는 것은 당연한 일일 것이다.

청년공동체를 바라보는 다양한 시선

교회 안에서의 청년공동체의 위치와 인식에 대해서 파악하는 것도 중요하다. 청년사역자가 생각하는 이상적인 청년공동체의 위상과 교회가 기대하고 있는 그림과는 다를 수 있다. 그래서 둘 사이의 간격을 좁혀가는 과정이 반드시 필요하다.

청년공동체에 바라는 기대가 단지 일꾼을 충원하려는 것이라면 이 과정을 통해 교회 전체가 새로운 꿈을 꿀 수 있도록 설득해야 한다. 또한 사람에 따라서 청년공동체를 바라보는 시선이 다를 수도 있다. 목사님은 어떻게 생각하고 기대하시는지, 장로님은 청년들에게 무엇을 바라시는지, 성도들은 어떤 관심이 있는지 물어야 한다. 지나가듯이 묻지 말고 시간을 내어 대화해 보기를 권한다.

담임목사의 청년사역에 대한 관심이 청년공동체의 부흥과 깊은 연관이 있기 때문이다. 단지 낭만적으로 청년들이 많이 나오기를 바라는 것과 청년들의 마음을 얻고, 그들의 가치관이 성경적 기준으로 바뀌는 참된 부흥을 원하는 것은 전혀 다른 이야기다.

따로 시간을 내어 담임목사님, 장로님, 성도님들과 이야기를 나누며 교회가 갖고 있는 청년사역에 대한 이해를 점검하고 생각의 간극을 좁혀가야 한다.

청년사역자로서의 자기 분석

여기서 나아가 그 공동체를 맡게 된 청년사역자로서의 자기분석도 해 보아야 한다. 스스로 내가 청년들을 좋아하는지 물어야 한다. 역으로 청년들은 나를 좋아하는지도 물어야 한다.

청년사역자는 청년을 맡은 사람을 뜻한다기보다 청년들의 영혼과 인생에 사랑을 느끼는 사람이다. 아래와 같은 질문을 스스로에게 던져보기를 제안한다.

질문 1. 나는 청년들을 얼마나 좋아하는가?
질문 2. 청년들은 나를 얼마나 좋아하는가?
질문 3. 나는 청년들 때문에 즐겁고 행복한가?
질문 4. 청년들은 나를 매력적으로 느끼고 있는가?
질문 5. 청년들이 내 주변에 머물기를 좋아하는가?
질문 6. 청년들이 신앙적인 질문을 갖고 나를 자주 찾아오는가?

질문 7. 내가 설교할 때 청년들은 얼마나 잘 듣는가?

질문 8. 나는 어떤 연령대의 회중에게 설교할 때 가장 행복한가?

두근거리는 첫 만남에서부터 좋은 인상을 남기도록 하라. 기도한 만큼 바른 태도를 갖도록 하나님께서 도우실 것이다. 사랑하는 만큼 아름다운 눈빛을 보이도록 은혜를 주실 것이다.

청년들의 부흥은 우리의 바람이기 이전에 하나님의 간절한 소원이다. 그들이 하나님 앞에 진실하게 설 수 있도록 돕는 하나의 도구가 된다는 것, 생각만 해도 가슴 벅찬 영광이다.

첫 두근거림이 쉬이 사라지지 않았으면 좋겠다. 마지막까지 가슴이 떨리는 한결같은 청년사역자가 되었으면 좋겠다.

1. 사역 전에 반드시 자신을 거울 앞에 세워야 한다.

- 청년사역은 함께 성숙해 가는 과정이다.
- 사역에 앞서 반드시 자신의 모습을 거울에 비춰보고 하나님께 도움을 구해야 할 부분이 무엇인지 솔직하게 인정한다.
- "나라면 어떤 사역자에게 신뢰와 권위를 줄까?"라는 질문이 오늘 나를 비추는 거울이 된다.

2. 신뢰를 얻는 일이 가장 우선이다.

- 신뢰를 얻어야 비로소 선한 영향력을 끼칠 수 있다.
- 놀라움의 대상이 되어야 하고 시간으로만 증명할 수 있는 성품과 진정성을 가져야 한다.
- 멋진 청년사역자가 되는 기술을 얻기보다 진실한 성도가 되기를 힘쓰는 것이 더 중요하다.

3. 비언어적 커뮤니케이션도 중요하다.

- 만남을 얼마나 소중히 여기며 기다리고 있었는지는 옷매무새와 태도를 통해 드러난다.
- 청년들을 만날 때는 반드시 즐거움의 요소도 함께 있어야 하며 그들의 이야기를 경청하고 적극적으로 리액션해 주어야 한다.
- 청년들은 사역자의 말을 듣고 싶어서 만나기보다는 자신의 이야기를 들려주고 싶어서 만나는 것이므로 그들이 충분히 즐겁게 이야기할 수 있도록 잘 질문하는 사역자가 되어야 한다.

4. 공동체를 정확하게 분석하는 시간이 필요하다.

- 공동체의 상황과 처한 형편을 정확하게 알아야 극복해야 할
  과제도, 도전해야 할 목표도 보인다.
- 개인적인 느낌이나 선입견보다
  검증된 분석도구들을 사용하는 것이 좋다.
  (NCD-자연적 교회성장 설문조사, young 2080 하우스다이어그램, S.W.O.T)
- 담임목사님, 장로님, 성도님들과 이야기를 나누며
  교회가 갖고 있는 청년사역에 대한 이해를 점검할 필요가 있다.

PART 2

청년사역,
기본 중에 기본

가장 집중해야 할
영적 기본기

청 년 사 역 가 이 드

CHAPTER. 5
청년공동체의 부흥 키워드, 예배

CHAPTER. 6
청년을 움직이는 원동력, 설교

CHAPTER. 7
마음을 모으는 기도회

청년공동체의
부흥 키워드,
예배

- 예배가 중요한 이유?
- 예배, 무엇을 준비할 것인가?
- 예배의 실제

청년공동체의 부흥 요소를 진단할 때 가장 먼저 나오는 것이 바로 예배다. 이것은 비단 청년공동체만 해당되는 것이 아니다. 교회의 부흥은 곧 예배의 부흥이라고 할 수 있다. 예배가 바로 서면 공동체는 자연적으로 성장하고 건강해진다.

하나님을 전심으로 예배하고, 그 예배를 통해 치유와 회복을 경험하면 당연히 공동체에 헌신자들이 많아지게 된다. 예배 안의 말씀과 찬양 그리고 기도에 생명력이 넘칠 때 청년공동체는 폭발력을 갖게 된다. 교육과 친교, 봉사와 전도(선교)가 자연스럽게 활력 있어지고 그에 따른 공동체의 부흥이 열매로 나타난다.

▶ 예배가 중요한 이유?

예배가 중요하고 능력이 있다는 것을 알지만 대부분의 사역자나 청년들이 그런 일은 대형교회 중심으로 이루어지는 일이라고만 생각한다. 담당 사역자나 교회 시스템이 갖춰져 있고, 재정도 넉넉해서 다양한 활동을 할 수 있는 교회 공동체를 떠올리게 된다. 규모가 갖는 장점은 물론 있다. 그러나 작은 공동체도 얼마든지 잘 구성하고 준비해서 은혜로운 예배를 드릴 수 있다. 오히려 작은 공동체이기에 더 다양한 시도와 변화를 줄 수도 있다.

우선 예배가 왜 그렇게 중요한지 몇 가지로 살펴보겠다.

예배는 하나님과의 '만남'이다

예배는 하나님 앞에 엎드려 그분을 높이고, 최선의 것을 올려드리는 것이다. 베풀어 주신 은혜에 감사하며 하나님의 이름을 높이고, 그분을 자랑하는 것이다(시 105:3). 하나님의 계시에 대한 반응을 보이는 것이 예배다. 예배를 뜻하는 다양한 단어들은 공통적으로 '엎드림'을 포함하고 있다. 그분 앞에 바짝 엎드리고 그분의 은혜와 긍휼, 자비를 구하는 것이다.

더 간단하게 정리한다면 예배는 하나님을 만나는 것이다. 예배는 하나님과의 두렵고 떨리는 '만남'이다. 하나님을 만나서 우리의 존재가 회복되고, 그 은혜에 감사하며 영광을 돌리는 것이다. 예배가 온전히 서야 나 자신과 공동체의 정체성도 분명해진다.

예배를 하나님과의 만남이라는 측면으로 이해할 때 예배에 임하는 자세부터 달라진다. 하나님을 만나러 가는 준비도, 그분과의 만남의 순간도, 또 그 만남에서 경험한 것을 가지고 세상에 나아가는 태도도 달라지는 것이다.

만남은 반드시 '변화'를 동반한다. 죄인 된 우리가 예수 그리스도의 보혈로 하나님의 자녀가 되고, 또 예수님의 제자가 되는 변화와 거듭남의 경험 또한 예배에서 이루어진다.

예배에서 공동체의 생명력이 나온다

교회 사역의 5가지 영역(예배, 교육, 친교, 봉사, 전도) 중 가장 근본적인 것은 예배다. 공동체의 생명력은 예배로부터 나온다. 다른 모든 기능과 역할이 예배를 중심으로 형성되기 때문이다. 그 공동체의 생명력은 예배의 '수준'이라고도 말할 수 있다. 예배를 잘 드리는 공동체가 어떻게 부흥하지 않을 수 있겠는가.

예배는 개인과 공동체의 우선순위를 반영한다. 예배를 소중히 여기고 그것에 모든 역량을 집중한다는 것은 그만큼 하나님을 경외한다는 것이고, 그럴수록 하나님의 역사가 강력할 수밖에 없다. 영적 기초체력은 예배로부터 나온다. 청년들이 한마음이 되어서 예배를 더 잘 드리기 위해 노력할수록 영적인 체질도 바뀌어 더욱 건강해진다.

청년공동체는 주기적으로 다양한 시험거리들이 등장한다. 워낙 격변의 시기를 겪고 있는 청년들이라 더욱 그런 것 같다. 그런 문제들을 이겨낼 수 있는 길은 예배를 잘 드리는 길밖에 없다. 영, 혼, 육의 모든 문제가 예배를 통해 해결된다. 창조주이신 하나님을 예배하고, 또 그 속에서 예수님의 십자가를 경험하면 청년들은 완전히 다른 존재로 거듭난다. 청년들이 포기하고 싶은 이유가 넘쳐나는 세상 속에서도 그리스도의 빛으로 살아갈 수 있는 영적 군사, 그리스도의 제자가 되는 것이다.

따라서 청년사역자가 공동체를 건강하게 세워가고 또 새로운 공동체를 구상하려면 제일 먼저 예배를 점검하면 된다. 사역자가 예배에 대해 어떤 이해를 갖고 있는지, 청년들이 예배를 어떻게 드리는지,

교회 안에서 청년공동체의 예배는 어떤 자리를 차지하고 있는지, 더 나은 예배를 위하여 어떤 노력을 해야 하는지 그것부터 점검하는 것이다.

예배는 사역의 처음이자 끝이다

모든 만남은 크든 작든 변화를 수반한다. 하나님과의 만남도 마찬가지다. 그 만남이 강력할수록 공동체는 생명력을 지니게 된다. 거듭남의 능력, 서로 사랑할 능력, 봉사할 능력, 전도할 능력이 자연스럽게 커지는 것이다. 예배가 살아 있는 공동체는 규모와 상관없이 생명력이 있다. 예배 안에는 공동체의 성격이 반영되어 있다. 그래서 어떤 공동체든지 예배를 드려보면 그 공동체가 하나님을 얼마나 사랑하는지, 서로를 어떻게 바라보고 대하는지, 세상과 어떤 관계를 형성하고 있는지 금세 알게 된다.

예배의 절대적 위치를 고수해야 한다. 다른 사역에 밀려서 예배를 소홀히 하지 않도록 한다. 마리아가 마르다보다 칭찬을 들을 수 있었던 것은 우선순위가 분명했기 때문이다(눅 10:42). 마리아의 마음으로 마르다처럼 헌신해야 한다. 공동체 안에서 사역은 반드시 필요하다. 그러나 예배가 우선되지 않으면 반드시 영적으로 무너지게 되어 있다. 다양한 사역을 예배 안에서 결단하도록 해야 한다. 교육과 훈련의 시작과 끝이 예배 안에서 이루어지도록 해야 한다. 전도와 선교도 예배 속에서 결단하고 그 과정도 예배 안에서 나누는 것이다. 사역이 예배와 별개가 되지 않도록 연계성을 갖도록 한다. 사역의 결과나 열매를 간증으로 나누는 것도 좋다. 이렇게 되면 예배가 사역의 알파와 오메가라고 할 수 있다.

> **청년사역 가이드** *tip*
>
> ### 공동체가 작아도 좋은 예배를 드릴 수 있을까?
>
> 한국교회 대부분의 청년공동체는 작은 공동체이다. 그렇지만 작은 공동체임에도 얼마든지 예배 가운데 은혜를 경험할 수 있다. 은혜를 경험할 수 있는, 이른바 좋은 예배의 모습은 어떤 것일지 몇 가지로 정리해 보았다. 우리가 드리는 예배가 다음과 같은 예배가 될 때 하나님도 기뻐하시고, 청년들도 변화되는 신령과 진정의 예배가 될 것이다.
>
> **1. 어색하지 않다**
> 예배 인도자나 회중들이 예배 내내 자연스럽다. 손을 들고 찬양하는 사람이나 그렇지 않은 사람이나 서로 어색하지 않다. 찬양 인도자가 억지로 찬양의 분위기를 이끌어 가지 않는다. 예배 안에 자유로움이 있어서 모든 순서가 물 흐르듯 이어진다. 누가 와도 그냥 편하게 예배할 수 있는 분위기다. 새가족에게 지나치게 관심을 표현해서 부담을 느끼지 않게 한다.
>
> **2. 규모에 어울린다**
> 규모가 작아도 모든 것이 조화롭다. 무리해서 큰 교회를 흉내 내지 않는다.

예배 인원보다 찬양 팀이 더 많은 기형적 구조가 아니다. 예배 환경이 아름답다. 깔끔하게 정리되어 있고 포근한 느낌이 든다. 음향이 공간과 적절하게 조화를 이룬다.

3. 사역자의 진심이 느껴진다

사역자의 설교에서 청년들 한 영혼 한 영혼에 대한 관심과 사랑이 느껴진다. 설교를 포함한 사역에 대한 열정이 느껴진다. 청년들이 사역자의 마음을 알게 되니까 그가 선포하는 말씀에 반응하고 결단한다. 그의 설교는 회중에게 하는 것이지만 마치 나에게 직접 하는 친근한 대화 같다.

4. 모두가 찬양한다

큰 교회에서 개인의 찬양은 찬양팀의 거대한 사운드에 묻히기 십상이다. 그러나 작은 규모의 교회에서 예배가 은혜로울 때에는 모두의 목소리가 좋은 악기가 된다. 모두가 함께 뜨겁게 찬양한다. 모두가 힘을 다해 박수치며 춤을 추며 찬양한다. 누구 하나 찬양에서 소외되지 않는다.

5. 눈빛이 초롱초롱하다

말씀을 듣는 청년들의 눈빛이 그야말로 초롱초롱하다. 사역자에 대한 신뢰가 말씀의 집중력을 높이고 있다는 것을 확인할 수 있다. 교제를 나누더라도 서로에게 불편함이 전혀 느껴지지 않는다. 서로를 사랑의 눈빛으로 대한다. 낯선 청년에게도 경계하지 않는 눈빛이다.

6. 리액션이 있다

사역자의 설교에 "아멘"으로 반응한다. 사역자가 더욱 힘있게 설교를 한다. 재미있는 이야기에는 확실히 반응한다. 설교뿐 아니라 광고나 특송, 기타 순

> 서에도 따뜻한 박수로 격려하고 함께 즐거워한다. 단상에 서는 사람에 대해 호의적인 반응이 이어진다.
>
> **7. 재미와 감동이 있다**
> 사역자의 설교에 경건함과 함께 유머가 있다. 청년들의 참여가 있는 순서에는 함께 웃느라고 정신이 없다. 그 자리에 있는 것만으로도 힐링이 이루어진다. 입대, 결혼, 유학, 선교 등 특별히 축복해야 할 일이 있을 때에는 가슴이 뭉클할 정도로 감동이 있다. 축복하는 이나 축복을 받는 이나 마음이 따뜻해진다.

▶ 예배, 무엇을 준비할 것인가?

하나님과의 깊은 만남에는 철저한 준비가 있어야 한다. 물론 우리의 준비가 아무리 완벽해 보여도 성령의 역사가 빠지면 그 예배는 은혜로울 수 없다. 그러나 성령의 역사를 기대하며 철저히 준비할 때 그 만남의 깊이는 다를 수밖에 없고, 또 하나님께서 역사하실 가능성도 그만큼 높아진다.

우리는 그저 성령께서 역사하실 수 있는 환경을 최선을 다해 조성하는 것이다. 그 준비는 무엇보다 오래전부터 기도를 모으는 것과 또 각 분야별로 최선을 다해 세밀하게 준비하는 것을 의미한다. 미흡한 준비를 은혜라는 이름으로 대충 넘기는 것은 하나님과 청년들 앞에서 직무를 유기하는 것이다.

기도 준비 – 가장 큰 준비는 기도다

예배의 은혜를 좌우하는 것은 그 예배를 위해 얼마나 기도하느냐에 달려 있다. 예배는 형식을 과감히 바꾼다고 해서 은혜의 정도가 갑자기 달라지지 않는다. 단지 참여자에게 새로움을 줄 뿐이다. 은혜의 수준을 높이려면 성령께서 역사하시는 자리가 되게 해야 한다. 성령의 역사는 기도를 쌓아가는 만큼 나타난다. 공동체의 핵심 역량을 예배에 맞추고, 그것을 위해 최대한 기도해야 한다.

청년공동체마다 별도의 기도회가 있다. 그때마다 공동체의 예배를 위하여 기도하라. 예배가 살아야 공동체가 산다. 예배에 승부를 걸어야 한다면 그 승부가 기도로 좌우된다는 것도 명심해야 한다. 말씀을 전하는 사역자를 위해, 찬양팀과 방송팀을 위해, 예배를 섬기는 모든 일들을 위해 기도하는 것이다.

이런 기도가 쌓이면 우리도 모르게 성령의 역사가 조금씩 커지는 것을 느끼게 된다. 새가족들이 들어오는 것을 경험할 것이다. 예배를 드리고 나가는 청년들의 표정이 달라질 것이다.

1) 다양한 훈련의 자리에서 기도하라

어느 때든 예배를 위해 기도해야 한다. 모든 소그룹에서, 리더 모임에서, 임원 모임과 다양한 훈련의 자리에서 공동체의 예배를 품고 기도하라. 우리 공동체의 중심은 예배라는 것을 사역자가 청년들에게 인식시켜 줘야 한다. 청년들은 의미와 가치 있는 일에 달려든다. 예배를 통해 은혜를 경험하기 시작하면 그것을 위해서는 어떠한 희생도 감수한다.

놀라운 것은 예배를 위한 기도의 깊이가 깊어지면서 그 기도회의 자리에도 하나님의 은혜가 크게 임한다는 것이다. 공동체에 부어주시는 은혜가 배가 되는 것이다. 가정에서도 정해진 시간에 공동체의 예배를 위해서 기도하면 공동체의 영적 일치와 단합에도 도움이 된다. 개인적인 기도 제목, 공동체의 기도 제목과 함께 예배를 위해서도 반드시 기도해야 한다.

2) 예배 30분 전, 이른바 마중물 기도회를 하는 것도 좋다

마중물 기도란, 예배를 섬기는 핵심 청년들, 찬양팀, 중보기도팀, 방송팀 등이 구별된 마음으로 예배를 위해 기도하는 것이다. 예배의 은혜는 그 예배를 품기 시작할 때, 그리고 기도할 때부터 시작된다. 예배를 섬기는 이들을 위해 중보기도 하는 것도 좋다.

어느 날은 찬양팀을 위해 집중적으로 기도할 수 있다. 또 어느 날은 방송팀을 위해 기도할 수 있다. 그런 식으로 예배를 섬기는 이들을 기도로 세워가는 것이 유익하다.

3) 예배실에서 기도하라

때로는 예배실 사방에 퍼져 앉아 그 예배에 참석할 청년들을 위해 기도하는 것도 은혜가 된다. 청년들을 위한 중보기도를 겸하는 시간인데 이때에도 하나님께서 공동체에 은혜를 부어주신다. 청년들이 다른 지체들을 품는 마음도 커진다. 이렇게 기도하는 청년들은 자신들의 기도가 다른 청년들에게 은혜를 끼친다는 자부심도 갖게 될 것이다.

예배의 은혜는 이런 다양한 기도들이 모아질 때 임계점에 이르러 폭발하는 것이다. 성령의 역사는 기대하고 준비하는 자, 기도하는 자에게 주어진다.

환경 준비 – 쾌적하고 아름다운 예배 공간

청년들은 환경에 예민하게 반응하는 세대이다. 그냥 그러려니 하고 지나가는 법이 없다. 더 아름답고 더 쾌적한 환경을 선호한다. 같은 값을 내는 거라면 인테리어가 더 아름다운 카페를 찾아다니는 세대이다. 지극히 당연한 이 욕구를 무시하는 공동체가 되어서는 안 될 것이다. 은혜로운 청년들이야 감수하고 공동체에 머물겠지만 환경이 너무 수준 낮다고 판단되면 공동체에서 서서히 발을 뺄 수도 있다.

1) 공간을 잘 선택해야 한다 – Space

청년예배를 위해 모든 것을 골고루 갖춘 공간을 찾는 것은 매우 힘든 일이다. 교회에서 어른들이 정해준 공간, 남들이 다 가려고 하지 않는 공간, 혹은 다른 부서와 함께 써야 하는 공간을 예배실로 사용하는 경우가 대부분일 것이다. 그래도 청년공동체가 잘 부흥해서 더 좋은 공간으로 가게 될 날을 기대해도 좋다. 예배 잘 드리고 은혜로 다져지는 청년공동체가 될 때 교회에서 가장 좋은 공간을 기꺼이 내어 줄 것이다. 그 전까지는 얼마 안 되는 선택 안에서 예배실을 정해야 한다.

쾌적한 환경과 음향, 영상 장비를 잘 갖춘 곳이면 좋겠지만 무엇보다 예배 인원에 맞는 공간이 좋다. 공간이 크다고 무조건 좋은 것이 아니다. 예배 인원은 30명인데 200명 모이는 공간에서 예배를 드리는 것은 매우 어리석은 일이다. 더군다나 찬양이나 기도의 소리가 모여지지 않는다. 그럴 때 은혜가 반감될 수도 있다. 반대로 인원 대비 여유 공간이 없는 예배실은 찬양과 기도를 은혜롭게 하기에는 좋으나 여름이나 겨울에 청년들이 예배에 참여하는 것을 매우 꺼릴 것이다.

지금 모이는 인원이 듬성듬성이라도 어느 정도 찰 수 있는 공간이 좋다. 그리고 그 공간에 청년들이 어느 정도 차면 더 큰 공간으로 옮겨가는 것이다. 현대인들은 각자 자기만의 안정감을 취할만한 공간을 추구한다. 너무 가까이 붙어 있으면 그렇지 않아도 예민한 청년들이 예배 내내 불편함을 느낄 것이다.

2) 깨끗하고 아름답게 꾸며라 – Clean

예배 공간이 쾌적하지 못하면 웬만한 은혜로는 극복하기 어렵다. 정말 은혜가 크다면 모를까 그렇지 않으면 환경에 영향을 받을 수밖에 없다. 무조건 예배 공간은 깨끗해야 한다. 다른 부서와 예배실을 공유한다고 하더라도 청년공동체가 성숙함을 발휘해서 깨끗하고 아름답게 꾸며놓는 것이다. 잘 준비된 공간은 잘 준비된 마음에서부터 시작되고, 그 공간에서 하나님의 임재를 경험하는 것은 정말 복된 일이다. 새가족이 왔을 때 편안하고 호감을 가질 수 있는 정도의 공간을 만드는 것을 최소한의 기준으로 삼으면 좋을 것이다.

지저분한 것들은 수납함에 다 넣는다. 가리기 어려운 부분은 롤스크린이나 현수막으로 가린다. 방향제나 디퓨저로 공간의 향기를 만든다. 공간의 향기는 가급적 같은 것으로 지속적으로 사용하는 것이 좋다. 은혜와 맞물린 향기는 평생 기억이 되기 때문이다. 그 향기만 떠올려도 다시 은혜가 새록새록 솟아나게 된다.

3) 아름다운 예배의 흔적을 남겨라 - Beauty

화장실 문화시민연대에서 제시한 "아름다운 사람은 머문 자리도 아름습니다"라는 문구는 비단 화장실에만 해당되는 이야기가 아니다. 예배를 마친 우리들, 은혜로 아름답게 변화된 우리들이 남겨야 할 흔적이 아닐까 생각한다.

청년들에게 예배실뿐만 아니라 모든 공간을 은혜롭고 아름답게 정리해야 한다는 것을 지속적으로 가르쳐야 한다. 교육과 훈련을 마무리한 자리, 수련회를 마친 공간, 파송 찬양 후의 예배실, 모두가 떠난 주일 저녁 청년공동체 임원실 등, 그 자리에 지저분한 흔적이 아니라 정리와 은혜의 흔적이 남아 있도록 해야 한다. 그렇게 될 때 청년들을 향한 교회의 인식이 달라질 것이다.

4) 예배나 절기에 맞게 장식하라 - Season

아름다운 환경을 위해서 미적 감각을 최대한 활용해야 한다. 공동체의 주제나 가치를 현수막으로 제작해서 벽면이나 정면에 붙이는 것도 좋다. 다만, 디자인을 할 때에는 가급적 예배에 방해가 되지 않게 해야 한다. 시각적으로 산만해서 자꾸 그것만 쳐다보게 하는 것은 지양해야 한다. 설교자의 뒤쪽에 설교 주제에 맞게 현수막, 혹은 X배너를 설치하는 것도 좋다. 시리즈 설교의 주제를 넣어서 배경을 만들면 설교의 집중력을 높일 수 있다.

장식으로 신앙 교육까지 겸할 수 있는 때는 절기이다. 사순절, 고난주간, 부활절, 강림절, 성탄절 등에는 몇 가지 간단한 장식만으로도 예배 분위기가 더 좋아진다. 고난주간에는 소그룹별로 만든 십자가나 부활 계란 바구니로 장식을 하는 것도 가능하다. 사순절 기간과 부활절에 십자가에 보라색 휘장과 흰색 휘장을 두르기도 한다. 추수감사절이나 성탄절에는 청년들이 예쁜 카드로 각자의 감사와 기도를 담아 장식하면 그 장식을 대하는 청년들의 마음이 특별해진다. 대강절에는 초를 장식하고, 예배 시작 때 그것을 직접 점화하는 것도 좋다.

5) 조명에 따라 사람의 마음도 달라진다 – Lighting

가로등의 조명을 푸른색으로 바꾸어서 범죄율을 떨어뜨렸다는 연구결과가 있는 것을 보면 조명이 사람에게 미치는 영향이 적지 않음을 알 수 있다. 예배드리기에 적합한 조명에 신경쓰라. 예배를 시작할 때에는 정면 찬양팀만 밝게 하는 경우도 나쁘지 않다. 다만, 찬양 후 나중에 회중석을 밝게 할 때 눈에 자극이 될 수도 있으니 밝기 차이를 너무 크게 하는 것은 바람직하지 않다.

찬양과 말씀 때에는 밝은 분위기로 가고, 기도할 때는 다소 어두운 것이 집중력을 높일 수 있다. 밝기를 조절할 수 있는 디머(dimmer)가 있으면 좋지만 그렇지 않다면 기도 시 조명을 담당하는 사람을 두면 된다. 갑자기 어둡게 한다거나 반대로 갑자기 밝게 하는 것은 오히려 예배 분위기를 어렵게 만든다. 더군다나 기도 시간에 조명을 껐다 켰다 하는 스위치 소리가 더 신경 쓰일 수도 있음을 명심하라.

6) 방송 장비를 최대한 잘 활용해야 한다 – Sound

은혜로운 예배는 음향도 중요하다. 공간에 맞는 소리를 찾는 것은 전문가의 도움을 받는 것이 좋다. 교회 안에 전문가가 있다면 그 사람에게 도움을 구하고, 없다면 주변에 이런 분야의 전문가들에게 도움을 구하면 된다.

찬양팀의 악기 소리가 너무 크거나 작아서 어려움을 겪기도 한다. 또 종종 하울링이 생겨서 예배의 흐름을 끊기도 한다. 가끔 하나님의 음성처럼 들리는 천둥소리가 '빽' 나는 경우도 있다. 이러면 사역자의 마음이 무너진다. 사전에 음향 장비로 인해 시험 들지 않도록 최대한 잘 점검해야 한다.

사람 준비 – 예배인도자 (찬양인도자)

문제는 사람이다. 답도 사람이다. 청년공동체가 은혜로운 예배를 드리기 위해서는 하나님께서 찾으시는 '한' 사람이 필요하다. 하나님께서 찾으시는 이 '한' 사람은 우리들이 찾는 그 사람이기도 하다. 특별히 예배를 인도해가는 찬양 인도자는 예배 분위기를 전체적으로 이끌어가는 사람이기에 그 중요성이 매우 높다. 예배의 3분의 1이상을 차지하는 찬양은 예배의 분위기를 절대적으로 좌우한다. 몇 가지 찬양인도자의 바람직한 모습을 생각해 보자.

1) 뛰어난 솔리스트보다 힘 있는 마에스트로가 좋다

지극히 상식적인 기준일 수 있겠지만 찬양 인도자는 모두의 찬양을 이끌어 낼 수 있는 사람이어야 한다. 예배의 찬양은 합창이지 솔리스트의 찬양이 아니다. 물론 중간중간 솔로 부분이 있을 수는 있다. 가끔 보면 개인적으로는 찬양을 무척 잘 하는데 회중 찬양을 잘 이끌어내지 못하는 경우가 있다.

찬양 인도자의 찬양이 화려해서 회중들이 그 찬양을 감상하게 되는 상황이 벌어지면 곤란하다. 찬양 인도자가 찬양을 못하는 경우보다야 낫겠지만 예배의 종합적인 상황으로 본다면 오히려 걸림돌이 되기도 한다. 덜 화려해도 다른 사람들의 마음을 은혜로 모아 함께 찬양하도록 이끄는 것이 찬양 인도자의 몫이다. 힘 있는 마에스트로가 되어서 조화로운 합창, 모두가 마음을 다해 찬양하게 만들어야 한다. 찬양 인도자가 회중들의 마음과 입을 열게 해서 찬양을 통해 함께 하나님의 임재로 나아가는 것이다.

2) 멘트에 영성을 담아야 한다

찬양인도자는 설교자가 아니다. 찬양에 들어가기 전, 혹은 도중에 너무 많은 말을 해서 찬양의 흐름을 방해하지 않도록 한다. 성경구절을 인용하거나 혹은 찬양에 들어가기 위한 도입의 멘트는 짧고 간결한 것이 좋다. 그 문장은 사전에 기도하면서 준비하고 나누는 것이 좋다. 그때그때 성령께서 주신 감동도 있지만 준비해서 인도하는 것이 훨씬 더 안전하다. 중간에 가사를 불러주는 경우도 있는데 이것은 핵심 내용을 상기시키기 위한 것을 제외하고는 불필요하게 많이 불러주지 않도록 한다. 스크린에 가사가 나가는데도 계속 불러주는 것은 오히려 찬양에 방해가 된다.

그리고 찬양 중간이나 마무리 기도를 할 때 기도 제목은 간결하고 명확해야 한다. 그래야 깊이 있는 기도로 들어갈 수 있다. 중언부언하면 기도가 살아나지 못한다. 찬양으로 쌓아놓은 은혜가 기도로 더욱 풍성해지느냐, 아니면 그냥 사그라지느냐는 찬양 인도자가 기도 제목을 어떻게 전달하느냐에 달려 있다.

3) 찬양 인도자를 지속적으로 훈련시킨다

리더에게 조언을 하는 일은 참 어렵다. 찬양 인도자에게 찬양을 어떻게 했으면 좋겠다고 말하는 것은 같은 평신도끼리도, 혹은 사역자들끼리도 매우 껄끄러운 일이다. 그래서 웬만하면 서로 불편해지지 않도록 그런 얘기를 잘 안 하게 된다. 그런데 그렇게 시간이 흘러가면 나중에는 찬양 인도자가 영적으로도 건강하지 못하고, 또 자기도 모르게 어떠한 권력자로 군림하게 된다. 찬양팀뿐만 아니라 사역자와도 관계가 묘해진다. 그래서 사역자는 찬양 인도자와 긴밀한 관계를 형성하면서 그 사람이 영적으로 바로 서 있도록 도와야 한다.

그리고 찬양에 대해서도 서로 많이 나누어서 찬양이 더욱 은혜로워지도록 노력해야 한다. 찬양과 영성에 관한 책도 읽히게 하고, 때로는 예배인도자학교나 찬양에 관한 세미나에 보내는 것도 좋다. 물론 찬양팀에 대한 교육도 병행해서 실시하면 더욱 좋다. 어느 교회든 성가대나 찬양팀을 사탄이 주 공략 대상으로 여긴다. 찬양이 흔들리면 교회 전체가 흔들릴 수 있으니 매우 조심해야 한다.

4) 때로는 청년사역자가 찬양 인도를 하는 것도 좋다

청년 중에 찬양 인도에 은사가 있어서 이 역할을 담당해 주면 참 좋지만 그렇지 않은 경우도 많다. 그럴 때는 과감히 사역자가 나서도 좋다. 단, 사역자가 한 사람이라면 그 사람이라도 나서는 것이 좋다. 어설픈 청년이 찬양 인도하면서 시간을 때우는 상황이 되는 것보다 예배를 종합적인 시각으로 보고 이끌어가는 사역자가 앞에 서는 것이 낫다. 찬양은 준비된 자를 통해 더욱 은혜로워진다.

예배 시간을 1시간에서 1시간 반으로 봤을 때 사역자 한 사람이 찬양과 말씀을 모두 이끌어 가는 것이 조금 부담이 될 수는 있다. 그러나 찬양과 말씀, 기도를 한 묶음으로 같은 주제와 맥락으로 이끌어 간다면 그것이 오히려 큰 장점이 될 것이다.

사역자는 찬양과 찬양 인도에 대해 깊이 있게 볼 수 있는 안목을 갖고 있어야 한다. 예배의 흐름에 적합한 찬양은 어떤 것인지, 기도를 할 때 도움이 되는 찬양은 어떤 것인지, 찬양과 기도는 어떻게 이어져야 하는지 등 다양하게 알고 있어야 한다. 경험의 축적을 통해 찬양에 대한 지식과 노하우를 쌓아가는 것이 좋다. 청년사역자가 찬양 인도자에게 리더십을 발휘하기 위해서는 기본 이상의 지식과 역량이 필요하기 때문이다. 예배를 전체적으로 볼 수 있는 안목과 그 안에서 찬양이 차지하는 비중과 중요성, 역할을 찬양인도자와 찬양팀에게 지속적으로 전달하는 능력도 갖추어야 한다.

▶ 예배의 실제

정해진 한 시간의 예배를 위해 예배자들은 훨씬 더 많은 시간을 기도와 준비에 쏟아야 한다. 그리고 다른 모든 준비가 갖춰졌을 때 우리가 참여하는 예배는 잘 만들어진 하나의 극과 무대가 아닌 온전히 하나님의 일하심과 예수님의 임재를 경험하게 되는 자리가 될 것이다.

전통과 현대가 조화를 이루는 예배

현대의 예배는 전통적 요소를 개선하려고 노력한 흔적이 많이 묻어 있다. 흔히 말하는 열린 예배를 통해서 불신자들이 편한 마음으로 예배에 참석할 수 있도록 돕기 위한 다양한 장치들을 마련한 것이다. 찬양을 대중적인 노래와 접목하거나 예배의 공간을 공연장처럼 편하게 꾸며 놓는 것들이 그렇다. 예배 안에서 영상, 극 등 다양한 요소들을 통해서 예배의 문턱을 낮춘 것이다. 그런데 그것이 오히려 예배의 경건성을 상실하게 하는 요소가 되기도 한다.

청년들이 현대적 감각에 맞춰서 세련된 예배를 드리는 것이 더 좋게 보일 수 있다. 그러나 전통적인 요소들을 예배 안에 적당히 넣어주어야 영성의 균형을 잃지 않을 수 있다. 그리고 장년 세대와 함께 하는 예배에 있어서도 자연스럽게 은혜 받을 수 있다. 성가대와 찬양팀이 연합하여 찬양을 한다거나 기존의 찬송가를 편곡하여 부르는 등의 노력도 필요하다. B교회에서는 1년에 두 차례 정도 성만찬 예배를 드리면서 예전적(교의 또는 관례에 따라 규정된 공적인 장소에서 드리는 예배의식)인 요소들을 넣어 청년들이 전통적인 예배에서 경험할 수 있는 은혜를 체험하도록 한다.

대상을 고려한 설교와 은혜의 결단

청년 설교는 사역자가 가장 힘들어하는 부분인 동시에 또 가장 강력한 무기이기도 하다. 청년들은 감수성도 예민하고, 또 논리를 요구하기도 하고, 게다가 재미와 감동이 있어야 듣는 세대이다. 그러니 설교를 잘 하기 위해서 얼마나 많은 노력과 시도를 해야 하는지 모른다. 청년사역자 모임에서 그런 말을 한 적이 있다.

청년 설교는 그들의 언어로 설교해야 한다. 아무리 좋은 내용의 설교라도 들리지 않으면 아무 의미가 없기 때문이다. 설교할 때 메시지의 내용은 '하나님의 입장'에서, 그리고 그것의 전달 방법은 '청중의 입장'에서 하는 것이 중요하다. 다양한 방법을 시도해 보는 것도 좋다. 그러나 명심해야 할 것은 그것이 설교자에게 잘 어울려야 한다는 것이다. 영화 설교, 드라마 설교, PPT 설교(요즘은 키노트), 토크쇼 설교 등 신세대에 맞는 다양한 방법이 시도되고 있지만 그 안에 살아 있는 하나님의 말씀이 제대로 들어가지 않으면 생명력은 매우 짧다.

그리고 젊은 세대들은 접근 방법의 신선함을 오래 유지하지 못한다. 금세 식상해진다는 것을 알아야 한다. 설교자는 지속적으로 자신의 설교를 모니터링하고 인격적으로 신뢰할 수 있는 선배 사역자에게 평가를 받아본다면 더욱 성장할 수 있을 것이다.

설교를 위해서는 청년들에 대한 이해가 선행되어야 하고, 그들과의 끊임없는 관계를 형성해야 한다. 그래야 그들에게 들리는 설교를 할 수 있다. 뜬구름 잡는 이야기가 아니라 그들의 삶에 구체적으로 간섭하시고 역사하시는 하나님의 진리와 음성으로 들리게 하려면 그들의 삶 깊숙이 들어가야 한다. 그리고 그들의 필요가 무엇인지, 그들의 아픔이 무엇인지, 그들의 기도 제목이 무엇인지를 알게 될 때 어떠한 메시지를 전해야 할지가 분명해진다. 또한 그것에 대한 말씀의 답을 제시할 수도 있다.

주제를 정해 시리즈로 설교하는 것도 좋다. 청년공동체의 핵심 가치를 설교할 수도 있다. 성경을 정해서 강해를 하는 것도 좋다. 그러나 어떠한 경우든 청년들이 듣고 말씀 앞에 결단하게 하는 것이 중요하다. 들은 것에만 그치지 않고 기도로 결단하면 말씀이 영혼에 새겨진다. 말씀이 머리에만 머무르지 않고 가슴으로 내려오게 하는 시간이다. 설교 주제와 연관된 찬양을 잘 선곡해서 말씀 이후에 바로 부르고 기도하면 은혜가 더욱 커진다. 예배를 위해서 사전에 쌓아 놓은 기도도 중요하지만 예배 안에서도 전심으로 기도해야 한다.

역동적인 찬양

청년 예배에 있어서의 찬양의 비중은 상당히 크다. 청년들의 입이 열리고 마음이 열려 찬양하기 시작하면 놀라운 일들이 나타난다. 잘 준비된 반주에 맞춰서 부르는 그 하모니의 순간은 공동체 모두가 하나 되는 시간이고 성령께서 역사하시는 시간이다.

때로는 목소리로만 찬양해 보라. 우리의 목소리가 얼마나 아름다운 악기인지, 하나님께서 얼마나 기뻐하실지 경험하게 될 것이다. 찬양에 율동을 함께 해보는 것도 좋다. 몸으로 하는 찬양은 청년들의 열정을 발산하게 한다. 하나님을 온몸으로 찬양하는 기쁨은 수련회나 특별 찬양 집회를 통해서도 경험할 수 있다. 어느 시간에는 아예 찬양만을 더 풍성하게 하는 것도 좋다.

그러나 찬양 선곡에 있어서 유행에 맞춰서 청년들의 감성에만 초점을 맞추는 것은 바람직하지 않다. 비트가 너무 강한 곡들, 가사의 내용이 신학적으로 문제가 있거나 모호한 곡들, 단순 멜로디의 지나친 반복이 있는 곡들, 하나님을 경배하는 것보다는 감성만 자극하는 곡들은 잘 분별해야 한다. 찬양 시간이 콘서트 수준으로 전락해서는 곤란하다. 하나님을 온전히 높이고, 그분의 영광을 기대하는 찬양이 되어야 한다. 청년들이 온 마음으로 하나 되어서 그분을 높이는 찬양에는 하나님께서 반드시 반응하시고 역사하신다.

감동이 있는 교제

교제와 광고를 예배 안에 순서로서 포함시킬 것인지, 아니면 축도 이후에 할 것인지의 문제는 청년사역자의 목회적 관점으로 선택하면 된다. 그것을 예배 안에서 은혜를 나누는 시간으로 삼는 것이 좀 더 바람직해 보인다. 예배 이후에 배치할 경우, 집중력과 관심도 떨어지고 규모가 큰 공동체에서는 축도를 마쳤기 때문에 청년들은 그냥 예배실을 빠져나가는 경우도 생긴다. 예배 안에서의 의미 있는 교제를 만드는 것이 좋다.

하나님께 받은 은혜가 서로를 축복해주는 시간까지 따뜻하게 흐를 수 있도록 한다. 생일, 시험, 유학, 입대, 결혼 등을 앞둔 사람들을 다양한 방식으로 축복하되, 사역자가 일방적으로 축복해 주지 않는다. 그 사람과 관련된 소그룹의 사람들, 그리고 공동체 전체가 선물도 전하고 편지도 전하면서 함께 기도해 주고 사역자가 마무리 기도를 해주면 된다. 새가족 교육을 마치고 등반하는 청년들을 축복할 때에도 새로 들어가게 될 소그룹 식구들이 환영의 선물과 함께 축복한다든가, 아니면 새가족 교육을 담당했던 지체와 함께 축복해 주는 것이 좋다. 그리고 더 좋은 것은 새가족의 또래들이 함께 나와서 환영하며 축복하는 것이다. 이런 다양한 방법으로 교제 시간을 축복하고 사랑 고백하는 은혜의 시간으로 만들면 공동체는 더욱 따뜻해진다.

참여가 있는 예배

예배는 보는 것이 아니라 '참여'하는 것이다. 여러 순서에, 다양한 방법으로 청년들이 참여하도록 하는 것이 좋다. 특송, 성경봉독, 기도, 간증, 봉헌, 광고 등 구경하는 예배가 아닌, 참여하는 예배를 구상해야 한다. 각 순서의 목적에 맞게 다양한 시도를 하여 회중의 참여를 높이는 것이 좋다. 성경봉독은 소그룹별로 돌아가면서 한 사람이 담당하고, 헌금봉헌도 소그룹이나 또래가 돌아가면서 담당한다.

헌금 특송도 미리 신청을 받아 각자 달란트에 맞게 참여를 유도한다. 파송 전에 공동체의 사명을 다 함께 힘차게 외치는 것은 공동체성에 매우 유익하다. 예를 들어 'In the Spirit, Out to the World(성령 안에서, 세상 속으로)'라는 주제를 사역자와 회중이 번갈아 힘차게 외치고 활기찬 파송 찬양과 함께 축도로 이어가는 것이다.

수련회나 비전트립을 마치고 돌아왔을 때, 혹은 성경공부, 기도학교, 제자훈련 등의 훈련을 수료할 때에는 간증자를 세워서 다른 청년들이 함께 은혜를 나눌 수 있도록 한다. 공동체 안에서 다른 지체들이 받은 은혜를 알 수도 있고, 또 그다음의 행사나 훈련에 참여하고 싶은 마음을 갖게 되는 이중의 효과를 거둘 수 있다. 청년들의 참여는 또 다른 참여를 유도하여 공동체가 더욱 적극적인 분위기로 바뀌게 된다.

지속적인 예배 업그레이드

예배가 하나님과의 '만남'인 동시에 '최상의 가치'를 하나님께 올려드리는 것이라면 우리는 더 좋은 것을 하나님께 올려드려야 한다. 쫓기듯이 예배하지 않고, 해치우듯 소홀하지 않고, 잘 준비되어 하나님을 높이는 예배를 준비하고 드려야 한다.

청년사역자로서 우리는 더욱 하나님 중심인 예배, 청년들이 더욱 은혜 받는 예배를 만들어 가기 위해 노력해야 한다. 평가의 차원이 아닌 은혜의 차원에서 예배를 모니터링하고 보완, 개선해야 한다. 예배 안에서의 실수로 은혜의 걸림돌을 하나하나 제거하여 은혜의 디딤돌을 놓아가는 것이 청년사역자가 감당해야 할 몫이다.

은혜로운 예배를 위해서 지속적으로, 일방적으로 희생당하는 사람이 있어서는 안 된다. 찬양팀이나 방송팀을 비롯해서 예배를 준비하는 사람들이 예배 안에서 기능인으로 전락하지 않도록 돌봐야 한다. 예배를 섬기는 것으로 은혜에서 소외되지 않도록 지혜를 모으는 것이 필요하다.

1. 하나님과의 만남이 살아나면 공동체는 부흥한다.
- 예배는 하나님과의 거룩한 '만남'이다.
- 예배가 바로 서면 공동체는 자연적으로 성장하고 건강해질 수밖에 없다.
- 청년공동체가 우선순위에 두고 집중해야 하는 것이 바로 예배다.

2. 규모와 상관없이 좋은 예배의 요소들이 있다.
- 전체적인 흐름이 자연스럽고 처음 온 이들도 편하게 느끼는 예배,
  모두의 찬양이 열정적이고, 뜨겁게 기도하는 예배는 좋은 예배다.
- 주어진 환경을 아름답고 깔끔하게 준비한 예배, 설교에서
  사역자의 관심과 사랑이 느껴지는 예배, 마음을 다해 서로를 축복하는
  기쁨 가득한 예배가 좋은 예배다.

3. 기도를 모으고, 환경을 조성하고, 사람을 세운다.
- 예배를 위한 기도가 깊어질수록 은혜도 커진다.
- 예배실의 환경적인 요소(음향, 영상, 악기, 조명, 플래카드, 축복 선물, 절기장식,
  청결 등)를 세밀하게 점검한다.
- 찬양 인도자는 멋진 솔리스트보다 모두의 찬양을 잘 이끌어내는
  마에스트로가 되도록 한다.

4. 준비가 잘 갖춰진 예배는 예수님의 임재를 경험하게 되는 자리가 된다.
- 설교자는 청년 세대가 듣고 공감할 수 있는 언어로 설교해야 한다.
- 영화 설교, 스킷드라마 등 다양한 시도를 하는 것도 좋지만
  설교자의 전달 방법과 청중들의 상황과 조화를 이루도록 한다.
- 더욱 은혜로운 예배가 되도록 평가가 아닌 은혜 나눔의 모니터링을
  실시하고 예배의 업그레이드를 위해 끊임없이 도전한다.

CHAPTER. 6

청년을 움직이는 원동력, 설교

- 매번 홈런 치는 설교가 좋은 설교일까?
- 들리는 설교를 위한 전제
- 청중을 이해해야 그들의 귀를 열수 있다
- 설교 준비, 하나님의 생각을 찾아가는 과정
- 설교 작성, 생각을 문자로 표현하는 시간
- 설교 전달, 퍼포먼스를 입은 신학

"청년들은 설교를 듣기 위해서 교회에 온다." 이 한 마디로 청년들이 신앙공동체를 찾는 이유를 대변할 수는 없다는 것을 알고 있지만 설교가 그만큼의 무게를 갖고 있다는 측면에서는 용인할 만한 표현이다. 설교는 청년사역에 있어서 전체의 한 부분이면서 동시에 전체를 지탱하는 힘이기도 하다.

때로 설교가 빙산의 일각이라고 느껴질 때도 있다. 설교 외에도 예배, 양육, 교제, 소그룹, 수련회, 심방, 행사 기획 등 너무 중요한 부분들이 많기 때문이다. 그럼에도 이 사실은 잊지 말아야 한다. 설교가 힘이 있어야 다른 일들도 잘 된다. 물론 그 반대도 마찬가지다. 그래서 설교는 부분이면서 전체이고, 전체이면서 부분이라고 말할 수 있다.

▶ 매번 홈런 치는 설교가 좋은 설교일까?

청년들은 교회에 좋은 설교를 소비하러 오는 듯하다. 성장하는 청년공동체 중에 청년사역자가 설교를 못하는 경우는 거의 보지 못했다. 더군다나 청년사역은 이제 특수 사역이라 말하기도 어렵다. 청년사역자들이 평생 함께 섬기며 동행할 목회의 대상이 지금의 청년들이다. 그러므로 "청년 설교 어떻게 할 것인가?"라는 질문보다 더 정확한 표현은 "설교를 어떻게 할 것인가?"라고 생각한다. 그러니 설교는 잘해도 되고 못해도 되는 것이 아니다. 예전에 사역자는 심방만 잘해도 된다는 이야기를 듣고 자라던 시절이 있었지만, 지금은 시대가 달라졌다. 심방이 그렇게 호락호락하지 않다. 이성 간에 심방하는 것은 더욱 오해의 소지가 있어 보인다. 그렇기에 더욱 중요해지는 것이 설교, 즉 메시지다.

메시지는 청년들을 움직이게 하는 원동력이다. 청년들의 삶에 하나님께서 원하시는 변화가 나타나기를 소망한다면 먼저 그들의 마음을 얻어야 한다. 그들이 갖고 있는 사역자에 대한 선입견을 무너뜨리는 것에서부터 시작해야 한다. 그것이 설교다.

청년들에게 '사역자'는 고루하고 답답하고 훈계하고 권위적인 인간의 표상이다. 이것을 깨뜨릴 수 있는 가장 좋은, 아니 거의 유일한 방법은 설교라고 해도 과언이 아니다. 청년들이 그와 같은 선입견을 갖게 된 배경에는 그동안 사역자들이 권위적인 입장에서 훈계하고, 가르치고, 강요했기 때문이다. 그러므로 그 자리에서부터 다른 출발을 보여 주어야 마음을 얻을 수 있다.

저항감을 가지고 있는 청년들의 움츠러들고 식어버린 가슴을 다시 뛰게 할, 달리지 않아도 심장을 박동하게 하는 메시지가 필요하다. 메마른 가슴을 쓰다듬고 있는 청년들이 하나님 나라와 그 높은 뜻을 위해 움직이게 해야 한다. 그래야 소그룹도, 기도회도, 행사도, 양육도 교회답게 진행될 수 있다. 설교는 굳어 있는 청년들을 움직이게 하는 동력이다. 이것보다 더 강력한 무기가 없다.

설교자는 늘 홈런 치고 싶은 마음을 갖고 있다. 돌아보면 스스로 홈런을 쳤다고 느꼈을 때 청년들의 예배출석률도 좋았던 것으로 기억한다. 하지만 시간이 점점 흐르면서 한 가지 더 깨달은 것이 있는데, 홈런보다 중요한 것이 바로 출루율(타자가 베이스에 얼마나 살아 나갔는지를 나타내는 수치)이라는 것이다. 미국 메이저리그에서 몸값이 가장 비싼 선수는 홈런을 잘 치는 사람이 아니라 출루율이 높은 사람이다.

목사의 설교는 믿고 들을 수 있는, 들을수록 믿고 듣게 되는 설교가 되어야 하지 않을까? '지속적이고 안정적인' 설교, 그래서 '청년들의 영적인 성장을 지향하는' 설교가 좋은 설교라고 정의할 수 있다. 사역자가 홈런 치려고 하는 설교가 아니라 청년들이 지속적이고 안정적이면서 균형 잡힌 신앙생활을 유지할 수 있도록 돕는 설교가 되어야 한다는 뜻이다.

자극적이고 확 불을 일으킬 수 있는, 이른바 대박 치는 설교, 홈런 치는 설교는 한두 번 들으면 좋겠지만 교회에서 청년들과 함께 신앙생활하며 전하는 설교는 자극적이고 흥분시킬수록 지속력이 떨어진다는 것을 알아야 한다.

청년들에게 정말로 가르쳐 주고 싶은 신앙생활은 그런 축제 같은 신앙생활이 아니다. 축제 같은 신앙생활을 하면 오래 버틸 수 없다. 왜냐하면 인생의 99%는 밋밋하고 지루한 일상이기 때문이다. 신앙생활도 그런 축제성으로 옷 입혀지는 것이 아니라, 일상성으로 옷 입혀지면 좋을 것이다. 설교도 그런 목적으로 준비되고 전해져야 한다.

▶ 들리는 설교를 위한 전제

　설교자의 의도에 따라서 성경이 이용되는 경우가 있고, 성경의 목적에 따라서 설교자가 사용되는 경우가 있다. 성경이 메시지의 주체가 되거나 설교자가 주체가 되는 경우다. 많은 경우 의지적으로 노력하지 않는다면 우리가 성경의 주인이 되어, 성경을 자신을 위해 이용하려 한다. 결코 있어서는 안 될 일이다.

　설교는 설교자의 입장과 견해를 성서의 표현과 문구를 이용해 증명하는 과정이 아니다. 나의 입장을 증명하기 위한 수단이 아니라 오히려 나의 생각이 맞춰가야 할 목적이다. 성경이 가르쳐 주시는 생각과 논리에 내가 갖고 있던 것들을 바꾸고 맞추어 가는 과정이 설교를 준비하고 전하는 일이라는 뜻이다.

　그렇다면 그 메시지를 어떻게 전해야 할까? 어떻게든 전하기만 하면 의무는 다하는 것일까? 성도들의 듣는 마음도 중요하지만 사역자의 들리는 설교도 중요하다. 잘 전달하는 메신저가 되기 위해 준비해야 할 부분이 반드시 있다. 세 가지 기준으로 정리해 보았다. '설득적으로, 공감을 얻어가며, 뜨겁게' 이다. 청년들의 지성을 깨우고, 감성을 데우고, 영성을 살아나게 하는 설교를 해야 한다는 뜻이다.

첫째, 설득적으로!

　이 말은 설교가 성도들의 지성을 깨울 수 있어야 한다는 의미다. 그렇다고 학자들의 강연처럼 지적이고 고상하고 수준이 높아야 한다는 뜻을 담고 있는 것은 아니다. 적어도 우리의 지성이 필요 없는 것처럼 여겨져서는 안 된다는 말이다. 더군다나 청년들에게는 이 부분이 상당히 중요하다.

그들의 지성이 하나님을 향해 빛나야 하며 그들이 성경을 볼 때 하나님께서 주신 지성을 가지고 정성껏 진리를 탐구해 가야 한다. 그래서 인간의 지성, 그 너머에 있는 하나님의 진리에 놀라고 찬양할 수 있어야 한다.

이를 돕는 것이 설교다. 설교를 들으며 청년들이 하나님에 대해 지성적 고민을 시작하도록 돕는 것이다. 이를 위해 설교 본문에서 메시지를 찾아가는 과정에 지성의 흔적이 담기게 해야 한다. 본문에서 메시지를 찾아가는 과정이 설득적이어야 한다. 성경 본문에 대한 정확한 분석과 구성, 그리고 꼬리를 무는 논리적 수순과 합리적 설명이 필요하다. 이 부분이 탄탄하면 성도들은 귀를 열고 듣는다. 설득적으로 전달하려는 노력은 좋은 설교의 첫 단추다.

둘째, 공감을 얻어가며!

아무리 지적으로 완성도 높은 설교라 해도 가슴까지 내려가지 않으면 근사한 철학적 유희에 머물 뿐이다. 공감하며 고개를 끄덕일 수 있어야 한다. 예수님께서 연약한 자들을 만나 그들의 손을 잡아주시고 머리에 안수하시고 그들과 눈을 마주치시며 나누시려고 했던 그 마음을 전하는 일이 필요하다. 머리에서 가슴으로 이어져야 자신의 삶의 현장에서 말씀이 터져 나오고, 그렇게 살아가게 되는 것 아니겠는가? 지성적으로 납득시키는 것을 넘어 감성적으로 공감할 때 비로소 변화는 일어나는 것이다.

청년들에게는 지성만큼이나, 아니 솔직히 말하면 지성보다는 감성이 조금 더 우선이다. 그래서 설교를 구성할 때는 반드시 설득적으로 메시지를 찾아가는 과정에 반을 쓰고, 적용점을 찾고 예화를 찾는 일에 반을 쓰는 것이 좋다. 설득적으로 반, 공감적으로 반이다.

바울도 그렇게 설교했다. 예수 그리스도의 은혜가 무엇인지에 대해 절반을 할애하여 설득적으로 증거 했다. 그리고는 바로 이어서 그 은혜로 살아가는 우리의 삶이 어떠해야 하는지 가슴을 두드리는 적용과 삶의 이야기를 했다. 이론과 적용, 지성과 감성의 균형이라고 할 수 있다.

셋째, 뜨겁게!

그런데 여기서 끝나면 안 된다. 한걸음 더 나아가야 한다. 뜨겁게 전하는 일이다. 청년들이 가장 오랫동안 가장 정확하게 기억하는 것이 무엇인지 생각해 보라.

설교에 담겼던 지성적이고 논리적인 내용일까? 아니면 삶을 나누며 공감하였던 이야기일까? 실은 둘 다 아니다. 정말 기억에 남는 것은 그들에게 설교하던 사역자의 열정이다. 설교자의 지성이나 감성보다 열정을 더욱 정확하게 듣는다는 말이다.

그 열정의 중심, 마음의 진정성은 소리를 지른다고 전해지는 것이 아니다. 오히려 준비가 안 되면 소리를 지른다. 반대로 준비가 잘되면 누구나 신나서 전한다. 여기에 열정이 있다. 소리를 지를 때가 아니라 신나서 전할 때 진정성이 느껴진다. 표정에, 목소리에, 말투에 감출 수 없이 묻어난다.

설교문의 표현과 내용을 신나게 전하고 싶도록 정리하고 퇴고하라. 자기 자신도 감동시킬 만한, 자신이 보기에도 힘 있고 근사한 표현으로 하나님의 말씀을 정리해 냈을 때 얼마나 가슴이 뜨거워지고 힘이 나고 신나는가? 마지막 퇴고할 때까지 더 정연한 언어로, 더 정제된 표현으로 조사까지도 정확하게 사용하고 있는가를 살펴보라.

이렇게 준비된 문장은 청년들의 뇌리에, 인생에 더욱 선명하게 새겨지도록 돕는 기막힌 도구가 될 것이다. 이것이 뜨겁게 전하기 위한 준비다.

▶ 청중을 이해해야 그들의 귀를 열 수 있다

자, 그렇다면 이제 우리가 만나야 할 청년들의 요구가 무엇인지 살펴보자. 그들의 귀를 열지 못하면 아무리 많은 이야기를, 어떤 좋은 말씀을 전한다 해도 공허한 메아리가 될 뿐이다. 청년들에 대한 바른 이해가 사역자의 바른 접근을 가능하게 한다는 말이다.

바울은 내가 모든 사람에게서 자유로우나 스스로 모든 사람에게 종이 되기를 원한다(고전 9:19)고 고백한다. 이유는 하나다. 개성이 없기 때문이 아니다. 약한 사람에게는 약하게, 강한 자에게는 강하게, 청춘에게는 젊게, 노년에게는 성숙하게 접근하겠다는 것이다. 그들을 얻기 위함이다(고전 9:19). 사역자가 갖고 있는 자신의 성향을 주장할 수 있다. 하지만 더 높은 길은 자기를 뛰어넘는 것이다. 내가 하고 싶은 방식을 고집하기보다 그들을 얻을 수 있는 방식을 고민하는 것이다.

감성적 다양성이 강조되고 있다

시대의 흐름에 따라 이성이 중요하게 여겨지는 때가 있었고 감성이 부각되던 시기가 있었다. 오늘날은 빠른 속도로 감성을 강조하는 문화가 형성되었고 점점 더 강화되어 가고 있다. 이성이 불필요한 시대라는 뜻이 아니라 이성만으로는 접근이 쉽지 않은 시대가 되었다는 표현이 보다 적절하다. 아마도 모던시대가 주장하던 이성주의에 대한 회의가 오래전부터 이런 문화의 도래를 초래한 것으로 보인다. 건조한 이성주의에 반발하는 것이다. 마음이 전달되지 않는 교리적 논쟁에 지쳤다는 뜻이기도 하다.

최근에 등장하는 광고들을 보면 하나같이 감성을 강조하고 있다. 군대에서 먹던 초코파이에도 맛이 아니라 정이 강조되고, 성능을 강조하던 카메라도 정서를 담아내는 도구로 포장되어 판매된다. 모든 상품들은 예쁘고 감각적으로 만들어서 그것을 어필한다. 기계적 성능보다 디자인이 우위를 차지하는 영역들도 점점 늘어가고 있다. 모던적 획일화보다 감성적 다양성이 젊은이들의 마음에 더 와 닿는 시대가 되었다.

청년들은 기독교의 교리가 아니라 하나님의 마음에 보다 더 관심을 갖는다. 이 부분이야말로 우리가 설교를 준비할 때 놓치지 말아야 할 필수요소이다. 어떻게 그들에게 하나님의 마음을, 또한 그것을 전하기 원하는 사역자의 진정성을 전달하느냐가 중요한 이슈가 된 것이다. 그렇다고 이성적인 요소를 버린 것은 아니다. 전에는 이성적인 설교에 만족했다면 이제는 감성적인 요소도 반드시 필요해졌다는 뜻이다.

훈계보다 설득을 원한다

감성의 옷을 입은 이성은 훈계하지 않고 설득한다. 청년들은 치밀한 논리로 찍어 누르듯 훈계하는 설교에는 마음을 열지 않는다. 그동안 훈계에 너무 지치지 않았는가? 이제는 탄탄한 지성으로 손잡아 주는 설득을 기다리는 세대가 된 것이다. 가르치지 말고 설득해 달라는 것이다.

철학적 질문보다 자극적 문화에 길들여진 청춘들에게 존재와 영원, 구원과 성화라는 성경의 이야기를 어떤 순서로 전해야 할지 고민해 달라는 요청이다.

설득은 닫혀있던 지성의 대문을 여는 열쇠와도 같다. 사역자의 입장에서 고민해서는 절대로 설득할 수 없다. 그들의 입장에서 하나하나 차근차근 순서를 밟아 깊이 고민할 때 잠자고 있던 그들의 신앙적 지성은 깨어날 것이다. 이런 노력이 청년들을 향한 진정한 사랑의 증거가 아닐까?

요즘 청년들은 많은 경우 혼자 자라온 환경을 갖고 있다. 쉽게 일반화시킬 수는 없지만, 가족의 사랑을 홀로 받다 보니 대가족의 경쟁 속에서 습득하는 갈등 해결 능력이 조금 부족한 경우도 있다. 잘못을 해도 부모가 와서 안아주는 것으로 문제는 해결된다. 갈등을 해결하는 것이 아니라 갈등이 해소되기를 기다리는 편이 익숙한 것이다.

훈계와 지적보다 용납과 이해가 당연한 가치가 되어 버렸다. 가르침을 받기보다 용납해 주지 않는 스승에게 오히려 섭섭함을 갖기도 한다. 자신이 그렇게 인정받으며 자랐기 때문에 자신에게 훈계하는 권위는 인정하지 않는 것이다.

이런 세대에게 우리가 말씀을 전하려고 한다면, 절대로 훈계해서는 안 된다. 아무리 옳은 소리, 좋은 소리를 해도 들으려 하지 않는다. 문제를 해결하려고 하지 않기 때문에 자기 잘못을 인정할 줄도 모른다. 이런 현상을 '훈계의 악순환'이라고 부르고 싶다.

그러니 우리가 선택할 수 있는 방법은 무엇일까? 훈계보다 설득이다. 그러므로 "제발 우리를 설득해 주세요."라는 그들의 외침을 들어야 한다.

지루함을 견디지 못하고 길게 생각하기에 서툴다

청년들에게 설교를 하면서 가장 어려운 부분은 그들이 지루함을 전혀 견디지 못한다는 것이다. 끊임없이 무언가 재미난 일을 찾아다니는 일종의 중독 현상이라고 생각한다. 본래 일상이란 단조롭고 지루한 것인데 그 속에서 의미 있고 아름다운 것을 발견하는 여유와 정서를 상실한 것이다. 스마트 시대가 되면서 24시간 인터넷에 접속되어 쏟아지는 자극적인 정보와 이미지에 노출됐기 때문이다. 얼마 전 뉴스에서는 이런 현상을 "팝콘헤드증후군"이라고 보도하였다. 팝콘처럼 툭툭 튀어 오르는 자극과 정보에만 반응하며 5초 이상을 기다리지 못하는 불안증의 일면이라는 것이다.

청년들은 긴 글을 읽거나 길게 생각하는 일에 서툴다. 글을 소비하기보다 이미지로 정보를 소비하는 세대이다. 그만큼 빠르고 직관적이다. 무언가를 효과적으로 전달하려면 글만으로는 부족해서 눈을 사로잡는 이미지에 적은 수의 글자를 올려 여러 장에 나누어 담는 게시물들이 소셜 미디어에 넘쳐나고 있다.

하나의 예로, 페이스북 게시글을 댓글 수에 따라 분석한 조사 결과는 얼마나 이 시대의 사람들이 글보다 이미지에 반응하는지를 보여준다. 가장 많은 '좋아요'와 '댓글'이 달린 게시물은 예상대로 멋진 사진이나 동영상이었다. 이미지를 직관적으로 인식하고, 빠르게 소비하거나 쉽게 버리는 것이 청년세대의 특징이다.

참 난감한 일이다. 이미지를 좋아한다고 설교 시간에 사진 전시회를 열 수도 없는 일이고, 동영상을 준비해서 순서대로 튼다고 해결될 일이 아니기 때문이다. 대개 사진이나 영상을 사용할 경우, 잘 훈련된 설교자가 아니라면 오히려 설교자에 대한 집중력을 분산시켜 재미없는 설교자로 버림받는 역풍을 맞을 수도 있기 때문이다.

그들의 생각을 사로잡을 긴 논리보다는 빠른 논리, 모호한 표현보다는 명쾌한 설명을 준비해야 한다. 이것이 지루함을 견디지 못하는 세대를 배려하는 최선의 노력이다. 빠른 논리를 위해 사역자는 더 오래 고민해야 한다. 명쾌한 설명을 위해 설교자는 더 오래 모호함과 싸워야 한다. 그만큼의 노력이 감각적 이미지에 사로잡힌 세대에게 하나님의 말씀이 열어주는 새로운 세계의 환희를 맛보게 해 줄 것이다.

다시 정리해 보면, 청년들은 감성적이라서 공감적 터치가 있어야 한다. 또한 설교자가 자기 마음에 들어야 듣는다. 그래서 훈계보다 설득을 원하는 것이다. 무조건 따뜻하기만 한 사람이 아니라 나를 설득해 주는 사람을 만나고 싶어 한다. 또한 지루함을 견디지 못한다. 그래서 끊임없이 재미의 요소를 가져야 한다.

솔직히 사역자가 전하는 한 편의 설교는 긴 사고 과정의 결과물이다. 그런데 많은 청년들은 그것을 쫓아올 힘이 없다. 긴 글을 읽고, 길게 생각하는 일에 서툴기 때문에 설교는 반드시 꼬리를 무는 빠른 논리와 명쾌함이 필요하다. 그래서 이런 청년들의 마음을 이렇게 한 마디로 표현해 보았다.

"논리에 감성을 입혀서 열정적으로 우리를 설득해 주세요."

▶ 설교 준비, 하나님의 생각을 찾아가는 과정

설교를 준비하는 과정은 생각을 정리하는 시간이다. 전해야 할 메시지를 찾고, 메시지의 적합성을 검증하고, 대상에 따라 전할 방법을 모색하는 과정이다. 시간을 많이 쓴다고 더 생각이 잘 정리된다는 보장도 없지만 시간을 쓰지 않고 생각을 정리할 수 있는 방법도 없다. 적어도 생각의 결과물을 얻을 때까지는 포기하지 않는 지구력은 있어야 한다.

말씀 속에 담아 주신 하나님의 생각을 찾아가기 위한 과정을 크게 세 단계로 구분해 보겠다.

1단계 – 실마리를 찾는 본문 읽기

가장 먼저 해야 할 일은 설교 본문을 충분히 이해할 때까지 읽는 일이다. 구약을 가르치시던 교수님께서 하셨던 말씀이 기억난다. "본문이 말을 걸 때까지 읽어라." 도대체 무슨 의미인지 처음에는 몰랐다. 매직아이(Magic Eye-무의미한 문양을 눈을 모아 초점 없이 오랫동안 보면 이미지가 보이게 하는 것)를 하듯 정해진 5-10절 분량의 본문을 자꾸 읽다보면 무언가 튀어나온다는 말씀이라고 이해했다.

그런데 그런 의미가 아니다. 본문을 보고 있는 시간의 문제가 아니라 이해하려고 애쓰는 노력의 문제이다. 글씨가 아니라 문맥을 읽어야 비로소 본문은 말을 걸어온다. 무얼 전해 주시려는 것인지 질문을 던지고 읽어야 본문은 그제서야 조금씩 설명해 주기 시작한다.

본문을 읽는다는 것은 설교를 위해 잘라 놓은 말씀을 읽는다는 뜻이 아니다. 예를 들어, 갈라디아서 2장 20절을 본문으로 설교한다면, 한 절에 담긴 단어를 분석하기 전에 갈라디아서 전체를 읽고 그 구성 안에서 본문이 차지하는 위치를 알아야 한다. 그래야만 내 이야기가 아닌, 갈라디아서를 쓴 바울의 의도와 바울을 사용하신 하나님의 뜻을 전할 수 있다.

로마서 9장을 설교할 때도 마찬가지다. 9장만 읽고 설교하면, 하나님은 이해할 수 없는 폭군이 된다. 바로를 폭군으로 만드시고, 모세는 선하게 만드신 자기 멋대로의 하나님, 이해할 수 없는 하나님으로 끝나게 될 가능성이 크다. 그래서 로마서 9장을 설교하려면, 로마서 전체를 읽지 못하더라도 적어도 한 논리 단락인 9-11장까지는 이해하며 읽어 봐야 한다. 그래서 지금 이것이 전체 부분에서 어떤 위치를 차지하고 있는지 알아야 그 결론의 빛으로 이 본문을 이해할 수 있는 것이다.

이 방법으로 본문을 읽으면 본문을 통해 전하시려는 하나님의 뜻 앞에서 겸손해질 수밖에 없다. 나아가 그 본문을 다시 설교한다 해도 제멋대로 주제를 바꿔 말씀을 이용하는 법은 없을 것이다. 그래서 조금 과격하지만 이렇게 말하고 싶다. "한 본문으로 설교할 수 있는 성서적 메시지는 하나다."

물론 설교를 다양하게 구성할 수는 있겠지만, 그 본문으로 전해야 할 메시지는 하나여야 하고, 하나일 수밖에 없다고 생각한다. 왜냐하면 한 성령님께서 우리에게 전해 주신 메시지이기 때문이다. 전체 흐름 가운데 그 메시지를 전하는 것이 하나님의 뜻이라면 당연히 그 본문에서 한 메시지를 찾아야 하는 것은 당연한 일이다.

때로는 이렇게, 때로는 저렇게 구성이 달라질 수는 있지만 메시지는 달라질 수 없다. 그러므로 내가 찾은 메시지가 전부라고 고집할 수도 없다. 항상 겸손한 마음으로 매번 말씀을 준비할 때마다 그 뜻을 찾으려는 태도를 잃지 않아야 한다. 그래서 더욱 충분히 읽고, 깊이 이해하려 노력해야 한다.

자신에게도 이해되지 않으면 억지 주장을 하거나, 어딘가에서 들었던 메시지를 하나님의 말씀인 양 전할 수밖에 없기 때문이다. 그런 설교에 청년들이 귀를 열리가 없다. 이미 그런 설교에 귀를 닫은 지 오래이다.

처음 설교를 하는 사역자라면 더욱 이 과정을 소홀히 해서는 안 된다. 처음부터 바로 가야 하는데 이 시간이 만만치 않다. 좁고 더딘 길이라 여겨지지만 실은 가장 바른, 결국 가장 빠른 길이다. 본문을 읽는 시간은 실마리를 찾아가는 과정이다. 실마리는 말씀을 이해하는 통찰 같은 것이다. 실이 있어야 구슬을 꿰는 것처럼, 구슬이 있어야 실이 역할을 할 수 있다. 많은 시간이 축적된 말씀의 구슬이 있어야 실마리를 찾아 엮어갈 수 있다는 사실을 잊지 말라.

본문을 보다 잘 이해하기 위해 다양한 역본을 읽어보는 것도 도움이 된다. 새번역, 쉬운성경, 메시지 성경, 원어성경 등. 성경을 읽을 때 절대로 누군가의 이해를 먼저 읽지 말고 스스로 이해하려고 노력하라. 그리고 성경이 말을 걸어올 때마다 반드시 메모하는 습관도 가져라. 감동 받았던 부분과 서로 연결되는 말씀들을 표시해 두면 설교문을 작성할 때 아주 소중한 재료가 될 것이다. 가슴 뛰는 느낌을 기억하는 것보다 심박이 느려지기 전에 기록한 것이 더 오래간다.

2단계 – 메시지를 검증하기 위한 주석 읽기

본문을 충분히 읽고 이해를 가진 후에는 주석서를 읽는다. 주석서를 읽는 목적은 내가 찾아낸 메시지가 적절한 것인지를 검증하는 것이다. 설교할 내용을 찾는 것이 아니다. 이 목적으로 주석서를 읽으면 무작정 쓸 만한 정보를 얻으려고 주석서를 볼 때보다 훨씬 빠르고 즐겁게 볼 수 있다.

본문을 정확히 읽지 않으면 당연히 주석서를 통해 무언가 전할 만한 정보를 찾으려고 조급한 마음으로 접근하게 된다. 많은 경우, 정보로서의 가치는 있지만 메시지를 돕는 도구로서는 부적합한 것들에 시간을 허비하기도 한다. 본문에 대한 이해가 깊지 않으면 주석서가 너무 어렵게만 느껴진다. 무슨 말인지, 왜 이런 내용이 필요한지 답답하기만 하다. 때로는 본문의 맥락이 좀처럼 잡히지 않아서 주석을 먼저 보는 경우도 있지만, 그 경우를 제외하면 반드시 본문을 먼저 충분히 읽어야 주석서도 재밌게 읽어 내려갈 수 있다.

기억해야 할 것은 우리는 주석 페이퍼를 만드는 것이 아니라, 우리에게 맡겨진 영혼들을 위해 설교문을 작성하고 있다는 사실이다. 그래서 주석서를 보는 목적이 다른 것이다. 이렇게 읽다 보면 주석서가 참 재미있다는 느낌마저 든다. 설교할 부분만 읽는 것이 아니라 전체를 읽고 싶다는 기특한 생각까지 하게 된다. 그만큼 주석서를 읽는 일이 신나기 때문이다. 이 마음으로 주석서를 보면 지루하다는 생각이 끼어들 새가 없다. 오히려 이 본문에 대해 그동안 나보다 먼저 고민한 학자들에 대한 고마움이 생긴다.

가슴을 뛰게 하는 주석서를 만났을 때 감사가 절로 나올 것이다. 당장 달려가서 큰절이라도 하고 싶을 것이다. 믿음의 선배에 대한 깊은 존경심이 솟아오를 것이다. 그러므로 각 성경마다 최고의 주석서를 찾으려는 노력을 게을리하지 말아야 한다. 좋은 주석서를 찾으면, 내 생각의 미흡함을 풍성하게 채워줄 여러 가지 재료와 관점들을 제공받을 수 있다. 따로 시간을 내어 주석서를 찾는 일이 설교를 준비하는 과정을 행복하게 만드는 지름길이 될 수도 있기 때문이다.

3단계 – 방법론을 배우는 설교 읽기

이제 설교 준비의 마지막 단계이다. 열심히 성경을 읽어서 내 마음이 감동되고, 이 메시지가 맞다는 확신이 들며, 주석서를 통해 검증을 받았다고 하면, 이제는 믿음의 선배들이 이 본문을 어떻게 설교했는지를 배우기 위해 믿고 읽을 수 있는 설교집들을 3-5권을 구해서 읽어 본다.

주석서를 깊이 읽을수록 설교를 읽는 속도도 빨라지고 즐거워진다.

왜냐하면 본문 읽기, 주석 읽기 과정을 거치면서 애먼 설교가 있다는 것도 알게 되기 때문이다. 본문과 관계없는 설교를 굳이 읽을 필요는 없지 않겠는가? 그렇게 검증하면서 읽다 보면, 반성도 되고 존경도 된다. 설교집을 읽는 일은 내가 발견한 메시지를 다시 한 번 검증하는 과정이고, 동시에 성실하게 노력해 온 선배 사역자들에게 한 수 배울 수 있는 기회가 되기도 한다.

설교집을 읽으면서 정말로 얻고 싶은 것은 그분이 사용했던 예화 몇 개가 아니다. 한 번 써먹을 수 있는 예화가 아니라 재생산이 가능한 그분의 사고방법론을 배워야 한다. 설교를 들리게 하기 위해 사용했던 논리 구조, 생각의 흐름을 볼 수 있어야 한다. 설교를 듣듯이 글을 따라 순서대로 읽으면 배울 수 없다. 거꾸로 읽어야 한다. 그가 생각한 순서를 따라 거슬러 올라가는 읽기가 필요하다. 그래야 방법론을 배울 수 있다.

메시지는 항상 뒤에 나온다. 이것을 전하기 위해 어떤 사고의 과정을 거쳤는가를 찾아가는 것이다. 이 메시지를 위해서 본문을 이렇게 주석했고, 그 본문의 배경을 이렇게 설명했고, 이 배경으로 들어가기 위해서 서두를 어떻게 시작하는지를 거꾸로 쌓아 올라가면서 읽어 보는 것이다. 성도들이 설교문을 한 번 읽고 덮는다면 사역자는 배울 때까지 읽어 봐야 한다.

실제로 유명한 목사님들의 설교를 들어보면 그분들이 사용하신 예화가 대단한 것이 아니라 그분들이 가지고 있는 설교의 방법론이 대단하다는 것을 알게 된다. 사고의 구성, 이것을 어떻게 하느냐가 우리의 귀를 열어 주는 힘이다.

그것을 배우기 위해 존경하는 설교자의 설교를 복기해 보는 것도 좋다. 책을 한 번 읽은 후 책을 덮고 순서를 복기해 보거나 먼저 성경 본문을 읽고 존경하는 목사님의 방법론에 따라 설교문을 써 보는 것이다.

물론 그분과 삶의 현장이 다르니 설교문도 다를 수밖에 없다. 하지만 사고의 방법론에는 비슷하게 접근할 때가 있다. 얼마나 좋은지 모른다. 비로소 존경하는 목사님을 배우게 되는 순간이기 때문이다.

설교가 연역적인가, 혹은 귀납적인가가 중요한 것이 아니다. 연역적이어도 설득적인 논리의 과정을 가진 설교가 있는가 하면 귀납적이어도 들리지 않는 설교도 있다. 그러므로 때로는 귀납적으로, 때로는 연역적으로 전개할 수 있어야 한다. 메시지에 따라 어떻게 전개해야 할지를 선택하는 것도 좋은 설교자의 덕목이다. 이 과정을 통해 설교를 평가하기는 쉽지만 배우기는 쉽지 않다는 것을 알게 될 것이다.

▶ 설교 작성, 생각을 문자로 표현하는 시간

이제 정리된 생각과 노트에 남겨둔 기록들을 구성에 맞게 작성하는 일만 남았다. 머릿속에서 살아 꿈틀거리는 생각을 정적인 문자로 표현해 낸다는 건 쉽지 않은 일이다. 막상 글로 쓰려고 하면 금세 그 많던 생각들이 훌쩍 달아나 버린 것처럼 느껴질 때도 있다. 그렇다고 쉽게 포기해서는 안 된다. 힘들다고 작은 메모만을 들고 설교를 한다면 우리의 언어나 생각은 그 자리에서 주저앉고 말 것이다.

차근차근 실타래를 풀어야 실이 엉키지 않는다. 할 수만 있다면 단문으로 작성하는 것이 좋다. 제출하기 위한 글이 아니라 설교하기 위한 원고를 작성하는 것이기 때문이다. 힘을 쓰는 만큼 문장은 짧고 명쾌해질 것이다.

그리고 반드시 그 문장을 내가 생각해도 괜찮은 표현으로 퇴고한다. 표현이 정제된 만큼 청년들의 정확한 이해를 돕는 것은 당연하다. 이에 더해 정말 중요한 효과는 내 자신이 그 말씀을 너무너무 전하고 싶어진다는 것이다.

생각으로 지은 집을 눈에 보이게 만드는 과정

설교문을 작성하는 과정은 보이지 않던 것들을 보이게 만드는 시간이다. 생각으로 지은 집을 문자라는 벽돌로 차근차근 쌓아가는 과정이다. 이 과정을 디자인에 비유할 수 있다. 디자인은 머릿속에서 먼저 그림을 그리지 못하면 절대로 눈에 보이는 형태로 나오지 못한다. 사진을 잘 찍는 사람을 봐도 그렇다. 기술적인 부분은 물론 배워야겠지만, 사진기를 안 만져본 사람이어도 감각이 있는 사람은 처음부터 사진을 잘 찍는다. 머릿속에 그림이 있기 때문이다.

내가 생각하는 그림과 구도가 머릿속에 먼저 그려지지 않으면 절대로 사진을 잘 찍을 수 없다. 셔터를 만 번 눌러도 쓸 만한 사진 한 장을 건지지 못하는 경우는 이 그림이 없기 때문이다.

설교자에게도 이 그림이 반드시 필요하다. 그리고 그것을 표현해 내는 디자인의 과정을 거쳐야 한다. 무에서 유를, 혼돈 속에서 아름다움을 창조하는 것을 디자인이라 한다면 모든 설교자는 같은 의미에서 디자이너여야 한다고 생각한다. 창조에는 항상 노력과 고통이 따른다. 설교자를 창조의 고통을 견디고 아름다움을 보여주는 아티스트에 비유한다면 너무 과한 비약일까?

청년사역 가이드 (tip)

디자인과 설교의 공통점

좋은 디자인의 요소들을 살펴보면 좋은 설교의 요소들과 비슷하다는 것을 알게 된다.

첫째, 분명한 메인 이미지가 있다.
둘째, 주변의 모든 요소들이 메인 이미지를 보다 아름답게 보이도록 돕는 강화물로 배치된다는 것을 알 수 있다. 즉, 설교의 모든 요소들, 주석과 예화가 메인 메시지를 보다 선명하게 드러나도록 돕기 위해 사용된다.
셋째, 단지 메인 이미지가 예쁘게 보이는 것이 목적이 아니라 전하고자 하는 정보가 잘 전달되어야 한다. 예를 들어, 포스터는 예쁜데 뭘 말하려는 건지 모른다면 잘못된 것이다. 반대로 정보는 보이지만 매력적이지 않다면 그것 역시 좋은 포스터가 될 수는 없다. 설교도 이와 마찬가지다. 이성적이면서 동시에 감성적이다. 한쪽으로 치우치지 않는다. 설득적으로 전개하는 부분이

> 반, 공감을 얻어 가며 접근하는 부분이 반이다.
>
> 넷째, 디테일이 살아있다. 작은 차이라고 생각되지만 실은 그 차이가 전부라 해도 과언이 아니다. 작은 디테일이 놀랍게도 전체를 더욱 빛나게 하는 경우가 많다. 글꼴의 종류와 크기, 오브젝트들의 바른 정렬, 작은 요소들의 균형감이 디자인의 격을 좌우하는 가장 중요한 요소가 된다는 뜻이다.
>
> 설교도 마찬가지다. 단어 하나, 심지어 조사 하나가 정확하고 분명하다. 설교의 격은 여기에서 판가름이 난다고 해도 과언이 아니다. 정확한 표현을 찾지 못하면 장황하게 설명해야 한다. 조사의 사용이 잘못되면 의미의 전달에 실패하기 쉽다. 고민한 만큼 디테일은 달라지는 법이고, 디테일이 살아나는 만큼 설교도 좋아진다.

모르타르에 대한 관심

모르타르라는 표현은 유진 라우리라는 설교학자가 사용한 것이다. 주제와 주제, 이야기와 이야기를 이어주는 연결고리에 신경을 쓰라는 의미이다. 첫째, 둘째, 셋째를 사용하는 설교가 들리지 않는 이유는 그 삼단 구성의 문제가 아니라 첫째와 둘째, 둘째와 셋째를 연결하는 모르타르가 없기 때문이라는 것이다. 그 사이의 연관과 논리적 흐름을 설명해주는 배려가 필요하다는 뜻이기도 하다. 꼬리를 무는 논리라고 표현할 수도 있다.

사역자는 메시지를 정한 후 꼬리를 물고 거슬러 올라가면서 논리를 만들어 가야 한다. 사역자가 그 논리와 논리 사이를 연결하는 부분에 관심을 갖고 설명해 주지 않으면 성도들은 쉽게 논리를 놓치고 생각 없이 소리만 듣고 있는 무념의 상태로 들어가게 된다. 마치 건축자들이 벽돌과 벽돌을 쌓아올릴 때 모르타르를 넣어 서로를 붙게 하는 것처럼 설교를 작성할 때도 이 부분에 관심을 갖고 접근해야 좋은 설교가 된다.

실제로 설교를 작성하다 보면 이 모르타르를 만든다는 것이 생각보다 쉽지 않다는 것을 경험하게 된다. 그래도 절대로 포기하면 안 된다. 이것을 준비한 설교와 그렇지 못한 설교는 현장에서 정확히 구분될 것이다. 둘은 비슷한 설교가 아니라 전혀 다른 설교가 될 것이다. 청년들에게는 모르타르가 반드시 필요하다. 그래야 길게 생각하기 싫어하는 습관을 넘어 끝까지 집중하여 말씀을 듣기 때문이다.

예화는 설득을 위한 도구

예화를 사용할 때 절대로 하지 말아야 할 일은 단지 예화를 재미를 위한 도구로 삼는 것이다. 설교 도입부에 아이스 브레이크를 위해 재미난 이야기를 가지고 오는 것은 청년들의 마음을 놓치기로 작정한 것이나 다름없다. 잠깐 이야기에 반응하며 웃을 수 있겠지만 이내 진지한 메시지로 들어가려 하면 웃음의 크기만큼 빠르게 집중을 놓아버릴 것이 분명하다.

메시지와 상관없이 재미난 재료를 사용한 사역자가 또 다시 상관없는 이야기를 하지 않는다고 누가 보장하겠는가? 스스로 함정을 파는 일이라 생각한다. 얼음을 깨려고 하다가 도리어 더 큰 얼음을 얼리는 격이 되는 것이다.

도입을 비롯한 모든 예화는 반드시 설교의 메인 메시지를 돕는 도구여야 한다. 의미 없는 이야기가 나온다 싶으면 청년들은 단호하게 귀를 닫아 버린다. 그리고 생각을 멀리 안드로메다 너머로 던진다. 반드시 예화는 재미를 위한 도구가 아니라 설득을 위한 도구로 사용되어야 그 기능을 다한다. 우리는 예화를 전하기 위해 설교하는 것은 아니지 않는가? 메시지를 위해 예화를 사용한다는 원칙을 잊지 말아야 한다.

물론 설득을 위해 사용하는 예화가 재미까지 있다면 더할 나위 없이 좋은 일이다. 게다가 청년들의 왕성한 상상력에 시동을 걸어줄 수 있는 이야기라면 더욱 좋다. 귀로 이야기를 들으며 머리로 그림을 그릴 수 있도록 돕는 것이다. 이미지를 즐겨 소비하는 청년들에게 스스로 이미지를 구상하게 하는 것보다 더 좋은 방법이 있을까? 메시지는 대부분 관념과 이성을 사용한 결과물이기 때문에 사람의 지성을 자극하고, 그 안에 하나님께서 원하시는 명제를 새겨주는 역할을 한다. 그래서 반드시 마음을 울리는, 그림을 그리게 하는 이야기가 같은 무게감으로 설교에 들어 있어야 하는 것이다.

소개하고 싶은 예화가 있다. 로마서 9장에 나오는 하나님의 주권을 설교할 때의 예화이다. "인간의 눈이 작아서, 인간의 생이 짧아서 하나님의 큰 구원의 역사를 보지 못하는 것입니다. 하나님의 구원 역사는 지금도 정확하게 이어지고 있습니다."라는 메시지를 전하려고 했다. 이 메시지를 성경을 주석하고 논리적으로만 설명하려 하면 없던 잠까지 올 것이 분명했다. 그래서 이렇게 접근했다. "하나님의 주권에 대한 인정이 있어야 한다는 것을 이 말씀에서 찾을 수 있습니다." 라는 짧은 명제를 말하고 바로 예화로 넘어갔다.

"C교회 청년공동체에는 수련회 때마다 마지막 날 오전에 항상 진행하던 단골 프로그램이 하나 있었습니다. 공동체 구성원들의 얼굴 사진을 모아 퍼즐을 만들어 초대형 이미지를 만드는 것이지요. 청년들의 사진을 모아 수천 장의 사진으로 편집하였습니다. 모자이크를 완성하면 높이가 2.4미터, 넓이가 7미터나 되는 초대형 그림이 됩니다. 그리고 퍼즐을 4X6 사이즈의 사진으로 만들었는데 한 장에 청년들의 얼굴이 16개씩 들어갔습니다.

조별로 하드보드지를 나눠주고 모자이크를 완성하게 했습니다. 제작하다 보면 '왜 이런 사진을 썼냐', '나는 너무 어둡게 나왔다', '너무 하얗게 나왔다' 등 불평이 끊이지 않습니다. 그래도 그 불평은 곧 사라집니다. 각 조별로 완성된 퍼즐을 모아 순서대로 바닥에서 청테이프로 이어 붙였습니다. 그리고 한 번에 일으켜 세웁니다.

이전까지는 어떤 그림이 보일런지 상상도 못했던 멋진 그림이 나타납니다. 청년들은 일제히 환호성을 터뜨렸습니다. 그제 서야 내 얼굴이 전체 그림 안에서 어떻게 역할을 했는지를 발견하게 되는 순간입니다. 우리의 인생도 마찬가지지 않습니까? 우리의 눈이 너무 작아서, 우리의 인생이 너무 짧아서 하나님의 큰 구원의 역사를 미처 바라보지 못할 뿐입니다.

　하나님은 하나님의 일, 그 큰 구원의 역사에 우리를 사용하셔서 한 퍼즐, 한 조각이 되게 하시는 것입니다. 우리가 그 구원의 그림을 온전히 이해하고 바라볼 수 없을지라도 하나님께서 가장 좋은 방법으로 하나님의 주권 가운데에서 일하고 계신다는 것을 믿어야 합니다."

　어려운 개념은 어렵게 설명해서는 절대로 전할 수 없다. 어려울수록 이야기로 풀어내려고 힘써야 한다. 적합한 예화를 찾기 위해 생각을 열고 그 안에서 뛰어다녀야 한다. 복잡한 개념일수록 청년들이 스스로 그림을 그리도록 도와야 한다. 장황한 설명보다 적당한 예화가 보다 더 선명하게 메시지를 전달한다. 모호함을 뛰어넘는 가장 강력한 도구는 근사한 문장보다 선명한 예화이다.

▶ 설교 전달, 퍼포먼스를 입은 신학

　설교를 전달할 때에는 목소리에 신경을 써야 한다. 어떤 분이 이렇게 물었다. "목소리는 무엇을 통제하는지 아세요?" 생각해 본 적이 없는 질문이라 답하지 못했다. 그분의 답은 마음으로 통제한다는 것이었다. 그래서 목소리는 정확히 말하면 마음 소리라고 할 수 있다는 것이다. 마음이 겸손하면 겸손한 목소리가 나오고, 마음이 교만하면 교만한 목소리가 나오고, 마음이 왕 같으면 왕 같은 목소리가 나온다는 것이다.

생각해 보니 정말 그런 것 같다. 노래할 때도 그렇다. 진실하게 부르겠다는 마음이 있으면 진실한 목소리가 나오고, 잘 부르겠다는 욕심을 가지고 부르면 욕심이 나온다. 설교자에게도 동일하게 적용할 수 있다. 좋은 목소리에 관심을 갖는다는 말은 좋은 마음을 가지려 힘쓴다는 것과 같은 말이다. 그래서 설교자는 여기에 관심을 갖고 훈련도 열심히 해야 한다. 같은 설교문이라도 어떤 목소리로 전하느냐에 따라 메시지마저 달라질 수 있기 때문이다.

설교를 잘 준비하는 데 있어서 지름길은 없다. 또 어떻게 하면 설교가 잘 전달된다고 하는 비법 같은 것도 없다. 설교는 하루아침에 기술적으로 익혀서 달라질 수 있는 것이 아니다. 설교는 지금까지 내가 가지고 있던 생각, 문장력, 단어, 사고방식, 전달 방식, 사람에 대한 이해력, 사람을 대하는 태도의 결정판이기 때문이다. 지금 당장 부족하다고 해서 절망할 이유도 없다. 우리가 가는 길은 오랫동안 걸어야 할 긴 여정이다. 그래서 평생 훈련하고, 항상 연마해야 할 과제라고 생각한다.

설교는 신학자의 학문적 자랑의 현장도 아니고 단지 재미난 이야기를 하는 강연장도 아니다. 신학에 기반을 두고 있지만 꿈틀거리는 생명력을 가진 메시지다. 그래서 이렇게 표현하고 싶다. "설교는 퍼포먼스를 입은 신학이다."

때로는 느리게, 때로는 빠르게 전달한다. 공감을 얻어야 하는 부분에서는 조금 천천히, 이야기를 전개할 때는 조금 편하게, 그러다가도 설득할 때에는 조금 빠르게 말하는 것이 청중을 배려하는 것이다.

설교를 작성할 때나, 전달할 때 절대로 청중을 포기하지 말아야 한다. 설교를 작성할 때마다 대충하고 싶은 생각이 초 단위로 몰려온다. 그냥 이 정도로 해치우고 싶은 생각이 막 꿈틀거리기도 한다. 팔짱을 끼거나 혹은 들으려고 하지 않는 청년들을 보면 설교를 시작한 후 3분 안에 포기하고 싶어진다.

하지만 그 순간에도 절대로 포기하지 말아야 한다. 오히려 그 순간이야말로 선한 싸움이 필요한 시간이다. 차라리 내가 조금 근사해 보이고 세련되어 보이는 것을 포기하고 내가 조금 망가지더라도 청년들이 이 메시지를 들을 수만 있다면 좋겠다는 진정성을 보여줄 수 있는 기회이다. 청년들은 좋은 얘기를 듣지 않고 좋은 사람의 얘기를 듣기 때문이다. 그 마음을 볼 수 있을 때 청년들은 더 감동하고 태도를 바꿀 것이다.

1. 설득적으로, 공감을 얻어가며, 뜨겁게!

- 성경의 정확한 진의를 파악하는 것만큼이나 청중의 입장을 배려하는 것도 중요하다.
- 청년들은 선포보다는 설득을 원한다. 이상적인 지향점을 보여주어야 하지만 동시에 오늘의 경험 속에서 공감되기를 원한다.
- 청년들의 요구는 한마디로 "논리에 감성을 입혀서 열정적으로 우리를 설득해 주세요."라고 할 수 있다.

2. 설교 준비는 하나님의 생각을 찾아가는 과정이다.

- 설교 본문은 충분히 이해할 때까지 읽는다.
- 주석서로 내가 찾아낸 메시지가 적절한지 검증한다.
- 존경하는 설교자의 설교문을 복기해 보는 것도 좋다.

3. 설교 작성은 생각을 문자로 표현하는 시간이다.

- 표현이 정제된 만큼 청년들의 이해를 돕는 것은 당연하다.
- 메시지를 정한 후, 진리를 묻고 거슬러 올라가면서 논리를 만들어가야 한다.
- 모호함을 뛰어넘는 가장 강력한 도구는 근사한 문장보다 선명한 예화이다.

4. 설교 전달은 퍼포먼스를 입은 신학이라 표현할 수 있다.

- 설교는 신학에 기반을 두고 있지만 꿈틀거리는 생명력을 가진 메시지이다.
- 같은 설교문이라도 어떤 목소리로 전하느냐에 따라 메시지마저 달라질 수 있다.
- 설교를 하다 보면 청중의 반응과 상황에 따라 포기하고 싶은 생각이 초 단위로 몰려온다.
- 준비한 것을 모두 전달하는 것보다 하나님의 마음을 나누는 것이 더 중요한 일이기에 절대 포기하지 말아야 한다.

CHAPTER. 7

마음을 모으는 기도회

- 청년들에게 기도가 중요한 이유
- 생명력 있는 기도 모임을 위한 방법
- 공동체를 새롭게 세우는 특별새벽기도회
- 매일 일상생활 속에서 기도하게 하라
- 지속적인 피드백

청년들은 경험에 목말라 한다. 하나님을 체험하기 원하고 자신의 마음이 위로받는 경험이 있기를 바란다. 청년들이 예배 공동체 안에 소속되고 그 안에서 신앙적 체험을 맛보게 하는 일은 기도를 통해서만 가능하다.

▶ 청년들에게 기도가 중요한 이유

건강한 사람에게 숨 쉬는 것은 가장 쉬운 일이지만, 중병이 든 환자에게 가장 어려운 것은 호흡이다. 우리가 잘 알고 있는 것처럼 기도는 우리 신앙의 영적 호흡이자, 하나님과의 소통이며 대화하는 교제의 시간이다. 그래서 건강하고 생명력이 살아있는 청년공동체의 특성은 기도의 영성이 살아 있다는 것이다.

다시 말해, 청년사역에 있어서 모든 예배와 사역에는 기도가 바탕이 되어야 청년공동체가 건강해지고, 부흥하고, 성장한다는 것이다. '자연적 교회성장(NCD; Natural Church Development)'에서 건강하게 성장하는 공동체의 8가지 질적 특성 가운데 중요한 한 가지도 열정적인 기도의 영성을 말하고 있다.

하나님과의 만남을 경험하는 가장 확실한 길이기 때문이다

극심한 입시중심의 교육 때문에 청소년 시기를 신앙과의 단절 가운데 보낸 요즘 청년들은 하나님과의 만남, 은혜에 대한 체험이 거의 없다. 이성적인 합리성과 실용성으로 무장하고, 보는 것에 익숙한 지금의 청년들에게 하나님의 임재와 다양한 영적 은혜를 경험하는 기도의 자리는 그래서 매우 중요하다.

기도의 시간을 통해 청년들은 하나님을 분명하게 인식하고 경험하게 될 뿐 아니라, 자기 자신의 변화도 경험하게 된다. 기도회는 하나님을 아는 영적 성숙의 시간이자 성령 안에 청년공동체가 하나 됨을 경험하는 시간이다. 그래서 기도회는 청년사역의 심장이자, 청년들이 참여를 통해 하나님을 깊게 만나는 가장 확실한 길이다.

하나님 나라의 공동체성이 기도를 통해 경험되기 때문이다

과거의 청년들의 문화가 '모여서-함께'라는 공동체 중심의 문화였다면, 지금의 청년들은 '따로-혼자'라는 개인주의적 문화로 표현할 수 있다. 이들은 온라인에서는 자유롭고 오프라인에서는 부자연스럽다. 이러한 현상들은 청년들에게 자기중심적인 사고와 개인의 편익을 중시하는 철저한 개인주의와 공동체성의 약화로 나타난다. 그래서 최근 청년들은 본능적으로 모이기를 싫어한다.

그런데 공동체가 함께 모여 기도하는 일은 청년들로 하여금 공동체의 비전, 즉 같은 방향을 바라보고 참여하게 하고, 흩어져 있는 청년들의 마음과 생각을 하나 되게 한다. 더불어 기도하는 것은 여럿 중의 하나로서 나아가는 것이 아니라, 여럿이 하나가 되어 하나님께 나아가는 것이기 때문이다. 성경은 우리가 함께 모여 기도할 때 주님의 임재와 연합을 약속하고 있다.

"진실로 다시 너희에게 이르노니 너희 중의 두 사람이 땅에서 합심하여 무엇이든지 구하면 하늘에 계신 내 아버지께서 그들을 위하여 이루게 하시리라 두세 사람이 내 이름으로 모인 곳에는 나도 그들 중에 있느니라"(마18:19-20).

"평안의 매는 줄로 성령이 하나 되게 하신 것을 힘써 지키라"
(엡 4:3).

모든 사역의 바탕에는 기도가 뒷받침되어야 하기 때문이다

예수님의 능력 있는 사역의 바탕은 기도였다. 아무리 피곤하고 어려워도, 시간이 없어도 기도의 시간을 통해 하나님과 교제하며 위로부터 오는 능력을 힘입었다.

"새벽 아직도 밝기 전에 예수께서 일어나 나가 한적한 곳으로 가사 거기서 기도하시더니"(막 1:35).

기도회에 있어 중요한 것은 기도회가 어떤 하나의 프로그램이나 순서에 그치는 것이 아니라 청년공동체의 예배와 사역, 모임과 활동 전반 전체에 스며들어 있어야 한다는 것이다. 더불어 청년들의 생각과 삶 속에도 구체적으로 기도가 배어 있어야 변화와 생명이 나타나게 된다. 이러한 청년 개인과 공동체의 기도가 균형과 조화를 이루지 않고는 성장과 성숙이 나타나기 어렵다.

기도가 예배나 행사의 한 순서가 아닌, 청년들의 삶과 사역의 바탕이 되게 하기 위해서는 청년사역자의 기도 목회에 대한 바른 인식이 필요하다. 더불어 청년공동체가 부흥하기 위해서는 사역자가 뚝심과 끈기를 갖고 기도하는 것이 중요하다. 청년공동체에 생명력이 넘치게 하려면 기도회가 살아야 하고 그 은혜가 경험되어야 한다. 기억하라. 기도 없이 부흥과 성장은 없다.

▶ 생명력 있는 기도모임을 위한 방법

먼저 생명력 있는 기도모임을 위해서는 현재 사역하는 교회 청년공동체의 기도 모임과 청년들의 영성에 대한 바른 진단과 점검이 필요하다. 병원에 가면 먼저 진단을 통해 분석하고 바른 처방이 나오듯 공동체의 현재 영적 상황을 잘 분석하고 그다음에 가장 필요하고 적절한 기도모임에 대한 계획을 수립하고 진행하는 것이 중요하다.

건강하고 부흥하는 청년공동체의 공통점은 다양한 기도모임이 역동적으로 움직이고 있다는 점이다. 교회에 출석하는 대부분의 청년들은 개인적으로 스스로 기도하는 시간이 거의 없는 신앙생활을 하고 있다. 그래서 청년들이 기도의 은혜와 능력을 체험하도록 공동체를 통하여 기도훈련의 시간과 기회를 제공해야 한다. 그리고 권면하고 강조하여 기도의 자리가 풍성해지고 그 영성이 각 개인과 공동체에 흘러가게 해야 한다.

청년사역 가이드 tip

청년 기도회를 위한 점검 사항

1) 한 주간(평일, 토요일) 청년들이 함께 모여 기도하는 정기적인 합심기도회가 있습니까?
2) 예배를 위한, 청년들을 위한, 구체적인 사역을 위한 중보기도(단)와 그에 걸맞는 조직이 구성되어 있습니까?
3) 기도모임에 대한 청년들의 참석 비율과 관심도, 청년공동체 안에서 중요성 등 존재감은 어떠합니까? 만약 청년들이 참여하지 않는다면 그 이유와 원인은 무엇입니까?
4) 기도모임이 있다면 그것을 통해 경험되어지는 영적인 은혜와 기쁨이 있습니까?
5) 청년들이 주일이 아닌 자신의 일상에서 얼마나 기도하고 있습니까?

가장 기초가 되는 기도모임들

먼저 무엇보다 청년사역에 있어서 가장 기본이 되는 기도모임은 예배를 위한 중보기도를 포함한 공동체를 위한 정기적인 합심기도회이다. 이미 공동체 안에 이러한 모임이 있다면 점검하여 알차게 발전시키고, 그러한 모임이 없다면 공동체의 크기와 상관없이 기도모임을 조직하고 만들어 새롭게 세워가는 노력이 필요하다.

특별히 정기적인 합심기도회에는 소그룹 리더와 찬양팀을 비롯한 각 사역팀의 리더들은 필수적으로 참여해 기도하는 것이 필요하다. 합심기도회는 각자 훈련과 사역 준비를 하기 전이나 모두 마친 후, 모든 이들이 함께 모여 찬양하고 기도하는 모임으로 가진다. 이런 기도회는 청년들에게 공동체의 비전을 함께 바라보게 하고, 성령 안에서 영적 일치를 가져다주어 청년공동체를 움직이는 힘이 된다.

정기적인 합심기도회에서 예배와 부흥을 위해 기도하겠지만, 한 가지 더 관심 가지고 준비해야 할 것이 있다. 청년예배 전, 예배를 위해서만 특별히 기도하는 중보기도모임이다. 청년 예배의 순서 담당자, 찬양인도자와 찬양팀, 사역팀장, 소그룹 리더 등이 함께 모여 강단 앞에 무릎 꿇고 먼저 찬양과 기도로 예배만을 위해 중보기도하며 하나님께 나아가는 시간이다.

능력 있는 말씀의 선포를 위해서, 영감 있는 찬양을 위해서, 우리의 예배 가운데 하나님의 은혜와 임재를 위해서 집중적으로 기도하는 시간이다. 이 시간에 하는 기도의 깊이와 집중도에 따라 그날 예배의 질이 많이 달라지는 것을 경험한다.

만약 청년공동체가 중규모 이상 된다면 이웃을 위해, 나라와 민족을 위해, 선교를 위해 집중적으로 기도하는 중보기도팀을 만들기를 권한다.

중보기도팀은 기도에 대한 사명감과 은사가 있고 기도에 대한 열망이 있는 청년들을 중심으로 구성한다. 팀을 구성한 후에는 중보기도에 관한 충분한 훈련과 교육이 필요하다. 그 후에 주일이나 평일 저녁에 함께 모여 약 60~90분 정도 교회와 공동체의 기도 제목과 나라와 민족을 위해, 선교를 위해, 이웃을 위해 기도한다. 중보기도팀을 만들어 운영할 수 있으면 청년공동체에 큰 힘이 되지만, 공동체의 상황과 여건이 어려우면 정기적인 합심기도회에 집중하는 것이 좋다.

다양한 기도 방법으로 지루함을 없애라

특별히 기도하는 훈련이 안 된 청년들과 공동체는 오랜 시간 기도하는 것이 결코 쉬운 일이 아니다. 기도 훈련이 안된 공동체는 청년들이 지루해하지 않도록, 철저한 준비와 다양한 성경적인 기도의 방법으로 집중력과 참여율을 높이는 것도 필요하다. 물론 기도하는 형태와 방법론이 기도회의 본질적인 부분은 아니다. 그런데 그동안 기도회는 구태의연하게 제목 주고 기도하는 것으로 생각해 청년들에게 신선감과 기대감을 주지 못하고 있다.

그래서 기도 훈련이 부족한 청년들도 자연스럽게 참여하고 기도의 주제 안에 스며들 수 있도록 다양한 기도 방법들을 사용하면 좋다. 예를 들어 각각 주제를 가지고 처음에는 혼자서 기도하다가, 둘씩 짝으로 지어 하는 짝 기도(약 5:13-16)나, 3명이 하나 되어 함께 기도하는 모세의 기도(출 17:8-16), 십자가의 기도 (갈 2:20)로 나아간다.

다음에는 두 개의 그룹을 하나로 묶어서 4~6명이 함께 기도하고, 다시 8~12명이 모여 공동의 기도제목을 가지고 집중적으로 기도하는 것이다. 나중에는 전체 청년들이 하나 되어 기도하는 것이다. 즉 물결이 파장을 일으키며 넓게 퍼져 나가는 것처럼, 기도의 제목과 기도의 형태, 기도의 범위도 함께 다음과 같이 확장되어 가며 기도하는 것이다.

개인을 위한 기도 → 가정을 위한 기도 → 이웃을 위해(짝 기도, 모세의 기도) → 교회와 청년공동체를 위해(4~6명의 그룹 릴레이 기도) → 나라와 민족을 위해(8~12명의 중그룹으로) → 열방과 선교, 부흥을 위해(전체가 하나 되어 대그룹으로)

이 외에도 각자 벽을 마주 보고 집중적으로 기도하는 히스기야의 면벽 기도(왕하 20:1-6), 예수님의 마음으로 서로 섬기는 짝 기도(요13:14-17), 한 주제에 대해 여러 사람이 돌아가며 고백하는 한 문단 기도(one sentence prayer), 한 주제에 대해 계속적으로 돌아가며 기도하는 릴레이 기도, 영적 무장을 위한 전신갑주 기도(엡 6:13-18), 회복을 위한 야베스의 기도(대상 4:10), 제사장의 기도, 나라와 민족을 위한 기도(대하7:14), 화살 기도, 시냇가 나무 축복 기도(시 1:1~6), 시편 말씀으로 기도하는 성구 기도, 다니엘 기도(단 3:18), 읽는 기도, 침묵 기도, 서로 축복하는 기도, 다양한 마무리 기도 등의 방법들이 있다.

이러한 다양한 기도 방법들을 잘 활용하면 똑같은 기도회라 해도 지루함이 없이 많은 청년의 마음 문을 열고 기도할 수 있게 인도할 수 있다. 아직 기도의 깊이와 은혜를 경험하지 못한 청년들에게 기도의 자리에 머무를 수 있게 하는 집중력과 준비, 기도의 힘을 키우는 지혜가 사역자에게는 필요하다.

또한, 정기적인 기도모임을 위하여 부흥하는 공동체나 다른 공동체의 기도회 매뉴얼을 참고하여 인도하는 것도 좋은 방법이다. 1990년 선교한국에서 소개된 '기도합주회'는 하나님의 마음을 품고 세계와 열방, 교회를 위해 기도하는 다양한 형태의 기도회의 모델을 제시한다. 예를 들면, 기도합주회의 진행 과정은 다음과 같다.

1) 찬양으로 시작
2) 말씀 및 개인 기도
3) 영적 각성과 충만을 위해, 지상 명령인 선교의 성취를 위한 기도
   (▶ 짝기도 ▶ 그룹기도 ▶ 전체기도 ▶ 묵상과 찬양)
4) 나눔
5) 마무리

다른 구성으로는 에베소서 6장 10-24절을 중심으로 하는 진행도 있다.

1) 감사와 찬양 (Rejoice)

2) 회개 (Repent)

3) 간구 (Request)

4) 재헌신 (Recommit)

기도회를 마친 후에는 기도회를 점검하는 일이 필요하다. 청년들에게 기도의 은혜가 체험되었는가, 청년들이 기도한 대로 삶에서 기쁨과 열정으로 믿음의 삶을 살고 있는가를 점검하고 다음 기도모임을 준비해야 한다.

기도회 인도자가 놓쳐서는 안 될 것들

기도모임이 은혜를 경험하고 하나님이 함께하시는 모임이 되기 위해서는 기도회를 인도하는 사역자들이 반드시 알아야 할 중요한 부분들이 있다.

첫째, 주제에 맞는 진행과 준비를 해야 한다. 기도모임의 성격을 분명하게 알고 주제에 걸맞는 진행과 준비가 필요하다는 것이다. 다시 말해 모임의 명칭은 기도회인데 사역자의 개인적인 취향에 따라, 찬양이 대부분을 차지하는 찬양 집회가 되거나, 잠시 전하는 말씀이 30-40분을 넘어 말씀 집회가 되지 않도록 해야 한다. 어떤 교회의 청년공동체는 기도회 1시간이 찬양 30분, 설교 25분, 기도 5분으로 구성되어 진행되기도 한다.

기도회는 기도하는 모임이 되도록, 또 하나의 예배가 되지 않도록, 모임의 주제에 알맞는 시간 배분과 진행, 내용준비가 필요하다. 이를 위해 기도회의 목적과 내용을 분명히 아는 것과 기도모임의 장소에 대한 파악과 준비, 적절한 찬양곡의 선택과 반주할 악기도 잘 준비하는 것 중요하다.

둘째, 영적인 감각이 필요하다. 인도자는 기도회의 전체 흐름에 영적 감각이 있어야 한다. 기도 제목을 내놓고 요청할 때, 구체적인 기도 제목으로 기도에 불이 붙도록 해야 한다. 기도 제목 요청 멘트는 구체적이고 간결하고 정확해야 한다. 그리고 기도 제목과 알맞은 찬양을 준비해야 한다.

기도회 인도자는 세밀한 진행과 준비를 통해, 기도회가 영적 은혜를 경험하는 자리가 되도록 인도해야 한다. 그래서 인도자들은 기도모임에 대한 분명한 전(前)이해를 가지고 있어야 한다. 예를 들어 기도회의 시작, 초반에는 성령의 임재와 그를 위한 간구, 다음으로 죄의 고백(회개)과 구원에 대한 감사와 찬양, 그리고 우리의 필요와 간구를 하는데, 먼저 자기 자신의 문제와 회복을 위해, 가정을 위해, 이웃 즉, 다른 청년 지체들의 어려움과 아픔을 품고 구체적으로 기도하고, 청년공동체를 위해, 나라와 민족을 위해, 선교를 위해, 주일 예배를 위해 기도해야 한다.

셋째, 기도회를 위한 환경이 중요하다. 기도회에 집중할 수 있도록 음향과 조명, 반주, 장소에 대한 준비도 중요하다. 기도회가 진행되는 장소에 대한 사전 점검은 필수다. 기도회 장소에 쓰레기가 뒹굴고 지저분하거나 겨울에는 시베리아처럼 춥고, 여름에는 한증막처럼 뜨겁다면 기도에 집중할 수 없을 것이다. 기도모임의 장소는 잘 정돈되어 있고, 의자나 방석 등도 잘 준비되어야 한다.

기도회 시간에 악기 반주가 없이 음향(Back music)으로 기도 시간을 지원한다면 기도 시작과 함께 먼저 음악이 나오도록 철저히 준비하여 기도의 흐름이 끊어지지 않도록 해야 한다. 조명 조절이 가능하다면 기도에 집중할 수 있도록 조금은 어둡게 하는 것도 좋다.

기도회가 중요한 이유는 이러한 시간을 통해, 하나님의 임재와 은혜, 영적 가족으로서 따뜻함과 하나 됨을 느끼고 성령의 역사를 체험하게 된다는 것이다.

또한 이 시간들을 통해 청년들은 자신과 교회를 향한 하나님의 계획과 마음을 느끼며, 다른 청년들을 품고 기도하면서 그들을 향한 영적 아비로서의 눈물과 사랑(살전 2:11)을 배우게 된다.

▶ 공동체를 새롭게 세우는 특별새벽기도회

청년들의 기도 훈련과 공동체의 부흥을 위해서는 기도를 통해 삶에서 승리와 체험이 필요하다. 이를 위해서 청년들을 위한 특별새벽기도회를 준비하여 진행하면 좋다. Y교회에서 사역할 때, 청년들의 기도의 약점을 보완하고 열정을 부어주기 위해 3개월마다 한 번씩 청년 주관 특별새벽기도회를 시작했다.

Y교회는 새벽기도회가 1부(오전 5:00)와 남성 직장인들을 위한 2부(오전 6:00)로 나뉘어 진행되었다. 그 가운데 2부 새벽기도회를 3개월마다 한 번씩 청년들이 주관해서 한 주간 진행하는 것이다. 밤 문화에 익숙한 청년들에게 새벽기도는 가장 어려운 일 가운데 하나다. 그러나 청년들의 삶에 필요한 주제를 선정하여 담당 사역자가 한 주간 설교한다.

새벽기도회의 주제를 살펴보면, '겸손', '어떻게 하나님의 뜻을 알 수 있는가?', '비전과 사명', '하나님의 성품', '유혹', 등 청년들에게 필요한 말씀이다. 이렇게 주제별로 한 주간 선포하고 기도한다. 청년들에게 기도의 중요성을 강조하고 독려하여 총 30차에 걸쳐 진행되어 청년공동체와 Y교회에 중요한 행사로 자리매김하게 되었다.

특별새벽기도회가 있는 한 주 동안에는 지역별로 청년들을 묶어 모닝콜과 카풀을 하기도 하고, 푸짐하고 맛있는 따끈한 아침 식사까지 준비하여 최선을 다해 참여시키도록 노력한다. 그 결과, 제1차 특별새벽기도회에 7명의 참여로 시작되었던 특별새벽기도회가 해마다 거듭되며 이제는 매일 평균 100명 이상의 청년들이 특별새벽기도회에 참여하여 말씀을 듣고 기도한 후, 학교로 직장으로 출근하는 거룩한 전통이 되었다.

그 가운데 특별새벽기도회가 진행되는 동안 집에서 자면 기도회에 못 나온다며 일주일간 교회에서 자고 참여하는 열성 교숙자(敎宿者) 청년들도 생겨났다. 청년들 스스로가 새벽에 나온 것을 몹시도 대견스러워 하고, 승리한 무용담을 나누며 서로를 격려한다. 지금은 청년공동체의 새로운 하나의 거룩한 전통으로 세워지고 있다.

청년들을 격려하고 동기 부여를 위해, 한 주간 개근한 청년들에게는 개근상으로 좋은 신앙 서적이나 문화상품권 등을 지급한다. 가장 먼 곳에서 열심히 참여해 다른 청년들에게 모범이 된 한 사람을 M.V.P로 정해 시상하여 확실한 당근 효과를 내도록 한다.

Y교회는 일반 다른 교회처럼 지역교회(local church)라 말할 수 없다. 사실 청년들의 거주지를 보아도 교회 주변(10-15분 거리)에 사는 청년들은 30% 미만이었다. 그러나 먼 거리와 수많은 장애를 뚫고 참여한 많은 청년들이 이루었던 새벽기도의 승리와 은혜는 지금도 각자 삶의 현장에서 기도의 능력으로 승리한 귀중한 경험으로 남아있다.

특별새벽기도회의 긍정적인 영향으로 이제는 청년들이 매주 금요일 2부 새벽기도회(오전 6:00)를 청년 주관으로 드리고 있다. 그뿐 아니라 금요 저녁 철야기도회에도 참여하는 청년들이 점점 늘어나고 있어 교회 전체와 역으로 장년 성도들에게 주는 도전과 선한 영향력도 많아지게 되었다. 청년사역에서 기도의 중요성은 아무리 강조해도 지나침이 없다.

▶ 매일 일상생활 속에서 기도하게 하라

공동체가 모여 기도하는 합심기도회와 중보기도회와 더불어 중요한 것이 청년들이 자신의 학교나 직장에서 매일 기도하며 말씀을 묵상하게 하는 영성을 키워주는 것이다. 한 주간 일상의 삶에서는 영적 생활이 제대로 이루어지지 못하는 약점을 보완하려면 어떻게 해야 할까? 무엇보다도 Q.T 세미나를 통하여 말씀 묵상을 훈련하고, 소그룹에서 나눔을 통해 그 은혜를 경험하게 하는 일이 중요하다.

인터넷 홈페이지나 밴드, 앱 등, SNS에 나눔 방을 만들어 활용하여 Q.T와 기도를 나눔으로 개인 경건 훈련의 취약한 부분을 보완하도록 하는 것이 좋다. 문자 메시지, 카톡이나 밴드를 잘 활용하면 최고의 기도와 말씀 묵상 훈련을 할 수 있다. 더불어 기도 계획표와 기도 노트를 작성하여 활용하면 개인과 공동체의 기도가 성장하고 지경이 넓어지며 기도의 열매도 거두게 된다. 개인 기도 노트는 한 주간 기도 제목(큰 주제별로)을 적어 기도하게 하고, 공동체는 월간 기도 제목을 적고 나누어 기도하게 하면 된다.

▶ 지속적인 피드백

기도모임은 지속적인 피드백을 통해 점검하고 발전시켜야 한다. 기도회를 마친 후에 늘 점검할 것은 청년들의 영적 수준에 맞는 기도의 내용과 진행이었는가, 청년들의 필요(need)에 응답하는 기도였는가, 지루하고 감동도 없고, 도전도 없는 모임은 아니었는가를 점검하고 발전시키는 것이 필요하다.

기도의 전통과 체험은 갑자기 생겨나지 않는다. 씨앗을 심고 물을 주면 오랜 기다림 끝에 열매를 맺는 것처럼 기도의 성장과 성숙도 그러하다. 그러나 비전을 가지고 마음을 합하여 기도하면 고목나무에서도 새순이 돋아남 같이 분명 이 기도를 통하여 생명의 역사를 경험하게 될 것이다.

오늘날 교회 청년공동체의 상황이 황무하고 도저히 빛이 보이지 않더라도 하나님께서 준비한 기도의 사람들이 분명히 우리 주변에 있다. 함께 기도할 사람이 아무도 없더라도 청년 부흥을 위해 혼자라도 기도를 시작하라. 청년공동체를 위한 기도와 기도모임은 부흥의 바탕이자 필수 요소이다.

"When man works, man works.
When man prays, God works!"

1. 건강한 청년공동체의 특징은 기도의 영성이 살아 있다는 것이다.

- 기도는 하나님과의 '만남'을 경험하는 가장 확실한 길이다.
- 하나님 나라의 진정한 공동체의 생명력을 경험하게 하는 시간이 기도회이다.
- 기도회는 청년공동체의 예배와 사역, 모임과 활동 전반 전체에 스며들어야 한다.
- 기도 없는 부흥과 성장은 절대 없다.

2. 청년공동체에 꼭 필요한 기도 모임을 시작하라.

- 먼저 공동체의 영적 상황을 잘 점검하고 적절한 기도회를 준비하는 것이 중요하다.
- 공동체의 크기와 상관없이 합심 기도회는 필수적으로 꼭 있어야 한다.
- 별도의 중보기도회나 중보기도단이 있으면 더욱 풍성한 은혜가 공동체 안에 흘러간다.

3. 기도회를 철저하게 준비하여 집중력을 높여라.

- 기도 훈련이 안 된 청년들이 지루해하지 않도록 철저한 준비가 필요하다.
- 다양한 기도 방법으로 청년공동체의 기도의 힘을 키워야 한다.
- 더불어 특별새벽기도회를 통해 기도에 대한 승리의 경험과 집중력, 참여율을 높여야 한다.

4. 기도회 인도자는 영적 은혜를 경험하는 자리가 되도록 인도해야 한다.

- 인도자의 영적 상태와 진행 감각, 준비에 따라 불이 붙기도 하고, 불이 꺼지기도 한다.
- 인도자는 기도회의 핵심 주제와 내용, 흐름에 대한 분명한 전(前)이해와 영적 감각, 구체적인 준비(장소,반주,음향 등)가 필요하다.
- 기도회가 끝난 후에는 점검을 통해 다음 기도회를 더욱 영적으로 풍성하게 준비해야 한다.

PART 3

청년사역,
플러스의 힘

하나로 모여 성장하는
청년공동체

청 년 사 역 가 이 드

CHAPTER. 8
하나님을 생각나게 하는 소그룹

CHAPTER. 9
평생 가는 또래모임

CHAPTER. 10
공동체를 건강하게 세우는 사역팀

CHAPTER. 8

하나님을 생각나게 하는 소그룹

- 왜 소그룹이 필요할까?
- 소그룹, 어떻게 인도해야 할까?

청년공동체 사역은 소그룹의 역동성 때문에 다른 사역들과 구별된다. 지성과 감성과 영성이 가장 빛나는 시절을 보내는 청년들이 모여 함께 하나님을 찾아가는 자리야말로 청년들을 위한 사역의 핵심이라고 할 수 있다. 청년들은 소그룹 현장을 통해 성장하고 변화된다.

▶ 왜 소그룹이 필요할까?

말씀으로 비추어진 삶의 나눔이 필요하기 때문이다

예배를 통해서 청년들이 도전받고 결단하고 감동받을 수 있지만 구체적인 삶의 변화가 만들어지려면 소그룹이 있어야 한다. 그곳에서 말씀에 비추어진 나를 솔직하게 발견하게 되기 때문이다. 말씀의 자리에서, 그 관점에서 자신을 돌아보는 것이다. 자신의 심연을 하나님의 진리 앞에 비추는 시간이라고 할 수 있다. 그리고 그것을 함께 나누고 위로하고 격려하고 치유하는 자리가 소그룹이다.

자신의 생각을 정리하고 자신의 마음을 보여주는 과정 속에서 객관적인 자신을 낯설게 만나는 순간이기도 하다. 여기에서 변화가 일어난다. 그러나 삶의 나눔만 있다고 변화가 이루어지지 않는다. 마찬가지로 말씀만 나눈다고 그렇게 되지 않는다. 전자를 수다라고 한다면 후자는 학습 정도가 될 것이다. 두 가지가 함께 만나야 한다.

말씀과 삶의 나눔이 균형 잡혀 있어야 한다. 반드시 우리의 삶은 말씀에 비추어져야 하기 때문이다. 말씀이 우리에게 변화의 능력이 되지 못하는 것은 우리의 구체적인 삶과 결부시키지 않기 때문이다(히 4:2). 둘을 연결시킬 수 있는 능력이 필요하다.

막연한 이야기, 모호한 말씀으로는 연결되지 않는다. 소그룹의 역동성은 보다 구체적인 삶 속에서 보다 명확한 말씀에 대한 묵상이 연결될 때 시작된다.

청년 세대는 서로 책임지는 관계에 목마르기 때문이다

참 좋은 소그룹은 가족과 같다. 서로 책임지는 공동체가 되는 것이다. '책임지는 관계'라는 표현이 참 좋다. 친구의 웃음을, 행복을, 아픔을, 고민을, 인생을 책임지는 일이야말로 사랑의 또 다른 정의라고 생각한다.

아버지가 아들을 지키는 것을 애정이라고 한다면, 아들이 아버지를 지키는 것은 효도라 할 수 있다. '애정'과 '효도'는 서로 다른 단어이지만 기저에 깔린 정신은 같지 않을까? 책임지는 것이다. 서로를 책임지는 가족의 힘이 여기에서 나오는 것이다. 우리는 영적인 가족으로 부르심을 받았다. 소그룹은 그렇게 서로를 책임지는 가족이 되기를 힘쓰는 자리다.

사랑을 경험하며 소속감을 누릴 수 있기 때문이다

서로 책임지는 관계에서 서로를 돌보고 세워 주는 사랑의 관계로 발전해 간다. 예수님의 말씀처럼 우리는 '서로 사랑'하며 살아야 한다. 언뜻 보면 '서로 사랑'이라는 가치가 쉽게 이뤄질 것 같은데, 곰곰이 생각하면 할수록 불가능에 가까운 계명이라는 것을 알게 된다.

두 사람이라면 두 사람의 요구에만 맞추면 되는데, 세 사람이라면 경우의 수가 9가지가 되고, 30명이라면 870가지의 쌍방향 요구에 정확히 맞춰야 '서로 사랑'하는 공동체가 되는 것이다. 치밀한 계획으로 끼워 맞추는 퍼즐도 이쯤 되면 어렵다. 그래서 마음을 움직이는 성령님의 도우심이 꼭 필요한 자리가 소그룹이다.

여러 사람이 모여 말씀에 비춘 자신의 객관적인 삶을 나눌 때 공감과 위로, 치유와 격려가 나타난다면 그것은 생각과 마음을 움직이시는 성령님의 은혜가 아닐 수 없다. 사역자 한 사람이 모든 청년들을 돌볼 수 없다. 성령님의 은혜가 머무르는 소그룹이 그들을 건강하게 세워간다.

새가족으로 들어온 청년들은 보다 친밀한 관계를 기대한다. 처음에는 낯설어서 주저할 수 있지만 그들이 신앙 공동체 안에서 소속감을 누리고 사랑을 경험하며 영적으로 성장하려면 반드시 건강한 소그룹에 속해야 한다.

가능하다면 다양한 영적인 소그룹을 구성하고 복수의 소그룹에 참여하며 교제와 돌봄을 경험하게 하는 것이 좋다.

▶ 소그룹, 어떻게 인도해야 할까?

소그룹은 청년 리더의 수준만큼 자라난다. 그래서 리더를 잘 세워야 하고 또 잘 돌보아야 한다. 리더에 따라서 소그룹은 천국과 지옥을 오가기 때문이다. 소그룹은 사역자의 영향력이 직접적으로 닿을 수 없는 영역이다. 세워진 리더에게 위임해야 하는 현장이다. 그만큼 책임이 크다.

하지만 부담감만 느끼는 희생과 소진의 자리는 아니다. 리더가 된다는 것은 청년들을 이끄는 지도자가 된다는 의미는 아니기 때문이다. 오히려 하나님의 영광을 위하여, 또한 다른 사람의 행복을 위하여 살아가는 성도의 사명을 훈련할 수 있는 특별한 축복의 장이 된다.

우리를 위해 자신을 내어주시고, 우리와 같이 되시고, 우리보다 낮아지셔서 우리를 섬겨주신 예수님의 길에 도전하는 자리다. 세워질 청년 리더들에게 이 사실을 깨닫게 해 주는 것이 관건이다. 부담을 주기보다 의미 있는 도전으로 초청하는 것이다.

실은 리더라는 표현이 그리 마음에 들지는 않는다. 누군가를 끌고 가는 선봉장의 이미지가 강하기 때문이다. 리더는 팔로워보다 나아야 한다는 전제를 단어 자체가 품고 있기 때문이다. 그래서 '섬김이'라는 표현이 보다 역할에 가까운 표현이 아닌가 싶다. 하지만 편의상 리더라는 표현을 사용하겠다. '리더'라고 쓰지만 당신은 '섬기는 자'로 읽으면 좋겠다.

많은 사역자들이 소그룹의 적절한 규모에 대해 궁금해한다. 그러나 그보다 중요한 것은 '소그룹이 모여 어떻게 모임을 갖느냐'이다. 어떻게든 소그룹 사역을 시작하는 것이 아니라 잘 시작하는 것이 필요하다는 뜻이다.

소그룹 사역을 하느냐 마느냐의 문제가 아니라 잘 하느냐 못 하느냐의 문제라는 것을 인식해야 한다. 기도회를 여는 것 자체가 중요한 것이 아니라 기도회를 잘 진행하고 청년들이 깊이 참여할 수 있도록 돕는 것이 중요한 것처럼 말이다.

그렇다면 소그룹 리더로서 어떻게 섬겨야 하는 것일까? 성경에서 찾은 원리를 소개하고 싶다. 인간의 경험이 만든 조직운영 방식이 아니라 하나님의 말씀에 근거한 공동체를 세우는 것이 가장 확실하고 정확한 길이기 때문이다.

> **청년사역 가이드** *tip*
>
> **청년 리더를 세울 때 주의해야 할 점**
>
> **1. 제자훈련을 통해 리더를 발굴하라**
> 제자훈련은 소그룹으로 진행되기 때문에 가까운 거리에서 리더의 자질을 점검하고 파악하는 기회가 된다. 리더들이 사역자를 알아가는 과정이면서 사역자가 리더들을 알아가는 자리이기도 하다.
> 리더들이 훈련에 참여하는 자세와 마음가짐, 생각과 신앙을 유의 깊게 살펴보라.

2. 성실한 사람이 좋다

성실하기 위해서는 헌신이라는 뿌리가 있어야 한다. 시간에 대한, 공동체에 대한 헌신을 다른 말로 성실함이라 할 수 있다. 성실함은 헌신의 진정성을 확인하는 표지가 될 뿐 아니라 공동체를 세우는 최고의 자산이 된다.

소그룹의 리더는 실력으로 존중받지 않고 성실함으로 존중받는다. 교회는 모이기에 힘쓰는 성실함으로 세워져 간다.

3. 가능하다면 탁월함도 있어야 한다

영향을 주는 사람이 되는 것이 성도의 사명이라면 탁월함은 사람의 마음을 여는 특별한 도구가 된다. 재능의 탁월함도 있겠지만 태도의 탁월함도 있다. 배우려고 하는 제자의 자세가 탁월한 사람이 리더로서 최적의 인물이다.

소그룹을 인도하기 위해서 적어도 자신의 생각을 정리해서 말할 수 있는 자질은 갖추어야 한다. 각자에게 맡겨주신 은사에 따라 사역을 배치해야 한다면 리더는 가능하다면 조리 있게 말할 수 있는 사람이 좋다.

4. 자신의 위치를 아는 사람이어야 한다

그리스도의 몸 된 교회의 지체로서 자신의 위치를 정확히 인식하는 사람이 좋다. 공동체의 비전과 일치하는가, 사역자의 지도력을 받을 줄 아는 겸손함이 있는가, 위에 서는 자가 아니라 아래에 설 수 있는 용기가 있는가, 다른 사람을 사랑하기 위해 도전하는 자리가 리더라는 것을 알고 있는가를 확인해야 한다.

원리 – 다른 이의 기쁨을 위해 일하라

로마서 15장은 이렇게 시작한다. "믿음이 강한 우리는 마땅히 믿음이 약한 자의 약점을 담당하고 자기를 기쁘게 하지 아니할 것이라"(롬 15:1). 이것이 로마의 성도들에게 교회 공동체를 세워가는 원리를 제시할 때 가장 중요한 대전제이다. "우리는 더 이상 자기를 기쁘게 하지 않는다." 이 고백이 분명해야 한다.

리더는 자기의 기쁨을 위해 일하는 자가 아니다. 자기가 기분 좋은 만큼, 자기가 힘들지 않은 만큼 섬기고 사랑하는 자가 아니다. 그만큼만 섬길 수도 있다. 우리 모든 사람에게는 그렇게 할 자유가 있다. 그러나 그것이 교회를 세우는 원리는 아니다. 바울은 고린도에 보내는 첫 번째 편지에서도 같은 기준으로 자신의 고백을 전한다.

> "내가 모든 사람에게서 자유로우나 스스로 모든 사람에게 종이 된 것은 더 많은 사람을 얻고자 함이라"(고전 9:19).

자기의 유익이 아니라 다른 이의 유익을 구하는 자, 맡겨주신 청년들의 기쁨을 구하는 자가 되어야 한다는 말이다. 하나님이 주시는 기쁨은 역설적 원리에 의해서 얻어진다. 세상이 주는 환희가 철저하게 자기를 기쁘게 하고자 할 때 '밖으로부터' 얻어지는 것이라면, 하나님이 주시는 기쁨은 철저하게 다른 이에게 기쁨을 주고자 할 때 '안으로부터' 솟아나는 것이다.

다시 말해, 우리가 기쁘게 사역하기 위해서는 역설적으로 자기를 기쁘게 하지 말아야 한다는 것이다. 이 은혜의 역설이 이해되면 좋겠다. 이 역설적 부르심이 리더들을 움직이게 하는 힘이다. 하나님의 뜻은 본성이 원하는 대로 흘러가면서 얻어지는 것이 아니다. 도리어 본성을 거슬러 올라갈 때 찾아지는 것이다.

사역자의 존재 목적은 '청년들이 행복하고 즐겁게 사역할 수 있도록 모든 배려를 아끼지 않는 것'을 통해 확인되고 증명된다. 이 일을 위해 사역자로 부르심을 받은 것이다. 청년들이 행복한 것, 청년들이 기쁘게 교회를 섬기게 하는 것이 사역자의 최우선 가치여야 한다. 그래서 사역자는 리더들이 소그룹 모임을 마치고 전체 모임을 가질 때 행복하게 웃으면 너무 좋다. 힘이 난다. 그러나 리더들이 힘들어 하는 얼굴을 보면 뼈가 저린다. 사역자 자신이 무언가를 잘못하고 있다고 느끼는 것이다. 청년이 행복해야 사역자도 행복하다.

『행복은 전염된다』는 책에 나온 내용이다. 하버드의 박사들이 사람들의 관계가 행복에 어떤 영향을 미치는지에 대한 실험과 조사를 하였다. 한 도시의 사람들이 맺고 있는 관계를 파악하고 분석하여 행복한 사람과 불행하다고 느끼는 사람들의 상관관계가 있는지를 조사한 것이다. 행복한 사람 주위에는 행복한 사람들이 연결되어 있었고, 불행한 사람들 역시 서로 연결되어 있었다. 관계와 행복의 상관관계를 정리하며 이렇게 연구결과를 내놓았다.

나와 연결되어있는 사람이 행복할 경우 내가 행복할 수 있는 확률은 15% 증가하고, 그 사람의 친구가 행복하면 10% 증가한다는 것이다. 결국 내가 행복하기 위해서 가장 노력해야 할 일이 있다면 내 주변에 있는 사람들을 행복하게 만들어 주는 것이다. 리더의 행복은 다른 이의 행복에 달려 있는 것이다. 이것이 성도의 기쁨이고, 예수님의 기쁨이었다.

소그룹을 인도해 본 경험이 있다면 동의할 것이다. 리더가 가장 행복한 순간은 소그룹원들이 행복해하고 기뻐할 때이다. 하나님의 은혜에 감사하고 믿음의 공동체가 있음에 즐거워하는 하는 순간이다. 굳이 표현하자면 행복의 소비자가 아니라 행복의 생산자가 되었다고 스스로 느껴지는 뿌듯함이다. 우리는 그 자리로 부르심을 받았다. 이 기쁨을 경험하였다면 당신은 '새로운 나라'에 초대받은 것이다.

지금 내가 행동하는 것이, 내가 선택하는 것이, 내가 말하는 것이 소그룹원들을 유익하게 하는가, 그들을 세워주고 있는가를 항상 자신에게 질문해야 한다. 이 원칙에서 다른 모든 세부 항목들이 나오는 것이다. 이것만 정확하다면 다른 행동 지침은 부가적인 것에 불과하다. 매뉴얼을 따르기보다는 먼저 스스로 질문하고 하나님께 기도해야 한다.

그럼 왜 이렇게 해야 할까? 그리스도께서도 자기를 기쁘게 하지 아니하셨기 때문이다(롬 15:3). 우리가 예수님을 닮은 사역자가 되는 것은 이와 같은 예수님의 모습을 본받고 따라가는 것이다. 예수님은 이 땅에 사시는 동안 단 한 순간도 자신만을 위하여 사신 적이 없다. 아담이 오직 '자기를 위하여' 선악과를 따먹었다면 예수님은 오직 '우리를 위하여' 자신을 버리셨다. 소그룹원들을 위하여 헌신하는 것이 예수님을 닮아가는 가장 확실한 길이다.

함께 일하는 사역자들과 항상 되새기는 섬김의 기준이 있다. 우리가 이 교회에 존재하는 목적은 성도들을 세우기 위함이고 멀리 떠났던 성도가 다시 하나님 앞에 설 수만 있다면 우리의 헌신은 의미를 갖게 될 것이다. 나아가 그들이 기쁘고 쉽게, 또한 자발적으로 하나님 나라의 사역에 참여할 수만 있다면 우리의 피곤도 보상받을 것이다. 그렇게 우리는 존재 의미를 확인하게 되는 것이다.

진행 – 하나님을 생각나게 하는 모임이 되게 하라

소그룹을 인도할 때 어떻게 해야 하는지 가르쳐달라고 하는 사람들이 많다. 정답은 없다. 각 상황에 따른 해답이 있을 뿐이다. 그래서 질문을 받으면 모른다고 대답한다. 굳이 해답을 말하라면 소그룹원이 유익을 얻게 하고 세워질 수 있는 방식으로 하는 것이라고 답한다.

일반적으로 4W라는 소그룹 운영 방식이 유행한 적도 있다. 이것이 기본이라고 할 수도 있다. Welcome–Worship–Word–Work, 이렇게 네 단계로 진행하면 좋다는 것이다. 리더는 먼저 소그룹 모임에 참여하는 이들이 서로 환대하고 축복할 수 있는 시간을 마련하고, 함께 찬양을 부르고, 말씀을 나누고, 끝으로 주신 말씀을 따라 실천하고 봉사할 수 있는 시간을 갖는 것이 모범적이다. 하지만 대부분의 교회들에서는 이 방식이 낯설기도 하고 어색하기도 하다. 좋은 모범이지만 무조건 따라야 하는 규칙은 아니다.

소그룹의 진행 방식은 다양하게 선택할 수 있다. 리더가 잘하는 것으로, 리더가 가진 것으로 하는 것이다. 어떤 이는 강의식으로 할 수도 있고, 어떤 이는 유머와 위트 있는 대화로 진행할 수도 있고, 어떤 이는 진지하게 접근할 수 있고, 어떤 이는 기도를 중심으로 인도할 것이고, 어떤 이는 찬양으로 모임을 이끌 수도 있다. 자기에게 맞는 옷을 입어야 한다. 남의 옷을 입으면 안 된다. 전하고자 하는 의지가 전하는 방법이나 내용보다 우선한다는 것을 기억해야 한다. 소그룹에 참여한 이들은 리더의 마음을 듣고 싶은 것이지 정해진 형식에 따라가기를 원하는 것이 아니다.

하지만 이 자율성을 위해서 반드시 잊지 말아야 할 사실이 있다. 소그룹은 어떤 경우에도 하나님을 생각나게 하는 모임이어야 한다는 것이다. 무엇이든지 할 수 있으나 모든 것이 유익한 것은 아니다. 소그룹은 하나님께로 돌아오는 역사가 있는 자리여야 한다. 이것이 빠지면 다른 모든 것이 무의미해진다. 하나님을 생각하지 않는 커피 타임은 소그룹이 아니다. 하나님께로 돌아오는 역사가 나타나지 않는 모임은 교회의 지체 됨을 잃은 것이다. 그러므로 리더는 하나님을 생각나게 하는 사람이 되어야 하고, 소그룹은 하나님께로 돌아오게 하는 자리가 되어야 한다.

리더는 하나님에 대해 가르치는 사람이 아니라 하나님을 생각나게 하는 사람이다. 하나님을 더 많이 아는 사람이 아니라 그 뜻대로 살기 위해 섬김의 자리를 선택한 훈련생과 같다. 리더의 섬김, 리더의 눈빛, 리더의 태도를 보면서 하나님이 생각날 수만 있다면 얼마나 좋을까? 그래서 리더는 '성경교사'가 아니라 'MC'가 되어야 한다. 토크쇼를 진행하듯 소그룹원들의 이야기를 끌어내는 것이 사명이다.

하지만 그렇다고 MC에만 머물러서도 안 된다. 반드시 리더는 소그룹원들의 이야기를 방향 잡아 주고 말씀으로 정리하고 설명해 주는 역할도 감당해야 한다. 이 역할이 빠지면 소그룹은 단순한 교제 모임으로 전락하고 말 것이다. 말씀으로 방향을 잡아주는 영적인 감화력을 키우는 것이 리더로 부르심을 받은 이들에게 주어진 거룩한 과제라 할 수 있다.

소그룹은 결국 '교제 공동체'를 넘어서 '신앙 공동체'가 되어야 한다. 교제 공동체는 사람에 따라 달라지는 공동체이다. 좋은 사람들이 많이 있으면 사람이 좋아서 모이게 된다. 그러나 이내 오래가지 않을 것이다. 지속성이 떨어지는 것을 경험할 것이다.

교회는 신앙 공동체여야 한다. 교회는 사람이 달라지는 공동체이다. 신앙 공동체로의 체질 개선에 실패한다면 모든 것에 실패한 것이다. 처음부터 교회에 신앙을 가지고 나오는 사람은 없다. 그래서 모든 교회는 교제 공동체적인 모습으로 시작할 수밖에 없다. 그러나 결코 그 자리에 머물러 있어서는 안 되는 곳이 교회다. 우리가 참으로 하나님을 사랑하고 그 안에 머물기를 원하면 반드시 하나님의 열심으로 우리를 변화시켜 주신다고 믿기 때문이다.

태도 – 똑똑한 리더보다 헌신하는 리더가 되라

리더에게 가장 필요한 것이 있다면 하나님의 도우심이다. 하나님을 생각함으로 사람이 변화되는 신앙 공동체를 이루어가는 과정은 몇 번의 이벤트로 이뤄질 만큼 쉬운 일이 아니다. 꾸준한 헌신이 있어야 한다. 변하는 세상에서 한결같은 하나님의 성품을 닮아가는 리더가 필요하다. 그래서 하나님의 위로와 하나님과 함께하는 인내가 있어야 한다(롬 15:4).

리더로 섬기다 보면 힘든 순간도 있다. 청년들은 아직 미숙하고 어리기 때문에 다른 사람을 배려하고 행동을 조심하는 일이 서툴다. 그래서 상처가 나기도 하고 상처를 주기도 한다. 하지만 그것이 그를 미워할 이유가 아니라 오히려 사랑할 이유가 되는 것이 예수님의 길을 따라가는 일이다. 예수님께서 이 땅에 오신 이유는 우리가 예수님을 만날 만큼 성숙했기 때문이 아니라 예수님이 십자가 지실 만큼 우리가 미숙했기 때문임을 기억해야 한다. 그래서 하나님께서 그 일을 감당하는 사람들에게 인내와 위로를 주시는 것이다.

하나님이 주시는 인내와 위로를 통해 우리가 꿈꾸는 교회를 만들어가는 것이다. 우리가 꿈꾸는 교회는 세상에서는 결코 찾을 수 없다. 단지 만들 수는 있다. 하고 싶은 대로 행동하고, 화나면 화나는 대로 말하며, 재미없으면 없다고 표현하는, 자기 생각만 하는 사람은 꿈꾸는 교회를 만드는 사람이 아니다.

천국으로 가는 열차는 없다. 열차만 타면 우리의 헌신과 눈물, 노력과 희생 없이 자동적으로 가게 되는 곳이 천국이 아니다. 천국은 우리에게 인내와 위로를 주시는 성령님과 함께 달려가는 마라톤의 목적지이다.

그렇게 리더는 존경받는 사람으로 성장해 갈 것이다. 다른 이의 기쁨을 나의 기쁨으로 경험하는 새로운 나라에 초청받아, 예수님을 닮아 가려는 훈련장에서 땀 흘릴 때 하나님께서 주시는 가장 큰 선물은 나 자신이 변화 받는 것이다.

소그룹원들이 리더를 존중하고 신뢰한다면 그 진정성 때문일 것이다. 똑똑하기 때문이 아니라 헌신하기 때문일 것이다. 그들의 마음을 사로잡는 매력이 있기 때문이 아니라 그들의 마음을 울리는 사랑이 있기 때문이다.

청년사역 가이드 (tip)

소그룹 진행 시 주의해야 할 점

1. 아이스브레이크
아이스 브레이크의 도구가 '농담'이라고만 생각하지 말라. 사람과 사람이 초면일 때 가장 중요한 것은 예의다. 사람은 어떤 자리에 있든지 존중받길 원하고, 자신에게 이야기하는 누군가가 자신에게 예의를 갖춰 주기를 바란다. 서로에게 어색한 농담보다 먼저 준비해야 할 것은 겸손한 태도와 상대를 존중하는 표현이다. 가식적인 예의나 형식이 아니라 진실하고 호기심 넘치는 눈빛이다.

2. 삶의 나눔
한 주간의 감사 나눔이 가장 좋다. "어떻게 지냈어?"라는 말이 가장 안 좋은 말이다. "감사의 보물찾기"라는 순서를 갖는 것도 좋다. 지난 한 주간의 삶 속에서 보물을 찾듯 감사한 이야기들을 찾아가고 함께 기뻐하는 시간으로 이끌어 간다.

3. 말씀의 나눔
설교 나눔, 큐티 묵상, 교재 연구 등을 할 수 있다. 각각의 장단이 있을 수 있다. 무엇이 가장 좋다고 말할 수는 없다. 각 공동체에 가장 적합한 것을 사역자가 찾아주는 것이 좋다.

4. 기도의 나눔
삶의 실제적인 문제들을 나누고 기도해야 한다. 하나님의 도우심을 바라는 기도도 있어야 하지만 하나님의 뜻을 향해 나아가는 기도도 있어야 한다. 정기적으로 소그룹원들이 둘러앉고 한 사람이 가운데로 들어와서 손을 얹고 축복하며 기도하는 것도 좋다. 리더가 기도하는 것보다 함께 기도하는 것이 능력이 있기 때문이다. 리더가 마무리 기도할 때 소그룹원들이 자신이 사랑 받고 있고, 수용되고 있다는 감정을 가질 수 있도록 기도하라.

5. 소그룹 활동
공동체성을 다지기 위한 즐거움의 요소도 중요하다. 소그룹별로 음식을 만들어 모두가 함께 나누는 요리 만들기, 1박 2일로 떠나는 봉사활동인 힐링캠프, 에너지가 넘치는 청년들이 뛰어놀 수 있는 체육대회, 이야기를 나누기 위한 영화 관람, 나들이, 공연 보기 등 공동체성을 확인해 주는 시간이 필요하다. 교회는 비장함과 유쾌함의 균형이 있어야 한다.

목적 – 한마음과 한 입으로 하나님께 영광을 돌리게 하라

이 모든 과정을 통해 소그룹에서 이루어야 할 사명이 있다면 모임을 통해, 각자의 삶을 통해 하나님께 영광을 돌리게 하는 것이다. 청년들의 미숙함 앞에서 인내하며 더욱 사랑해야 하지만 그 목적지를 아는 것이 필요하다. 소그룹원들이 한마음과 한 입으로 하나님의 기쁨이 되는 것이다. 인내하고 위로하기 위해 하나님의 영광을 무너뜨리는 것은 어리석은 일이다. 영혼을 무너뜨리는 문화에 너무도 익숙한 청년들이 있을 수 있다. 기다려 주고 용납하고 용서하고 배려해야 한다. 당장 결단하고 새 삶을 살지 않는다고 교회를 떠나게 해서는 안 된다.

하지만 교회가 세속적이 되어도 좋다는 것은 아니다. 교회는 교회다워야 한다. 무조건 사람만 많이 모이면 되는 곳이 아니다. 교회는 거룩과 순결을 훼손시키지 말아야 한다. 관용이 있고 기다려 주고 용서하고 배려해야 하지만 변질되어서는 안 된다. 하나님께 영광을 돌리기 위해 기다리는 것이다. 그래서 용서하는 것이다. 그래서 배려하는 것이다. 그 꿈을 잃으면 모든 것을 잃은 것이다.

아름다운 소그룹이 되려면 항상 하나님을 의식해야 한다. 하나님을 의식하는 사람이 필요하다. 하나님을 의식하는 사람이 늘어날수록 소그룹은 건강해진다. 결국 소그룹의 목적은 여기에 있다. '서로 잘만 지내면 되는 거 아니야? 그러다 보면 하나님이 알아서 역사하실꺼야.'라고 쉽게 생각하면 안 된다. 하나님을 두려워하고 교회의 본질을 잊지 말아야 한다.

하나님보다 다른 것이 귀하게 여겨지는 것을 타락이라 말하고 세상보다 하나님이 귀하게 여겨지는 것을 은혜라고 말한다. 그러므로 예수님께서 우리를 부르셔서 하나님을 향해 인생을 방향을 돌려주셨다면 이제는 우리가 그 일을 이어가야 하는 것이다(롬 15:7).

청년들의 요구에 신속하고 정확하게 반응해야 하지만 그들의 요구에만 매달려서는 안 된다. 그들의 요구에 끌려다니다 보면 사역의 지향점을 잃고 '소원 수리'사역으로 전락할 수도 있다. 사역자는 채워주지 못하는 자책감에 시달릴 것이고 청년들은 자신들이 더 요구하지 않아서 개선되지 않는다고 여길 것이다. 어느 컨설턴트의 칼럼에서 기가 막힌 표현을 보았다.

> "그 사람의 요구보다 그 사람의 근본적인 욕구에 더 관심을 가져야 한다."

이 말이 참 멋있다고 생각한다. 요구에 일일이 반응하기보다 욕구를 채워주는 사역이 되면 불평이 사라진다는 의미다. 청년들은 무엇이 참으로 필요한지 알지 못하기에 당장 눈앞에 보이는 결핍된 것들에 대해 불평할 수밖에 없다. 사역의 에너지는 영적인 욕구를 채워주는 것이 무엇일지 고민하고 실천하는 데에 집중되어야 한다. 시대의 요청에 부응해서 만들어진 상품이 아니라 시대를 넘어 마땅히 지향할 가치를 품은 작품과도 같은 사역이 되어야 한다는 말이다. 완성할 수 없다고 해도 꿈꾸어야 할 목표이다.

청년사역 가이드 tip

소그룹 모임 리더가 가질 수 있는 궁금증

Q. 조용한 소그룹 모임을 어떻게 인도할까?

처음엔 당연히 조용하다! 친해지려고 노력하는 게 중요하다. 주중에 연락해서 함께 예배드리자고 권면하는 것이 도움이 된다. 1인 1규칙(예배 중 나쁜 버릇을 고치기 위한 자기만의 규칙 정하기)을 약속한다. 질문을 준비하고 질문을 던져 말할 기회를 주는 것이 좋다.

Q. 어느 정도까지 강요가 필요할까?

사람마다 다르다. 신앙적 고민을 슬며시 던져주고 눈치를 살펴 조절한다. 단, 아무 강요 없이 가만히 내버려 두면 그 사람은 영원히 제자리에 머무르게 된다. 그러므로 적절한 때에 적절한 요구를 통해 신앙적 도약을 이끌어 줘야 한다.

Q. 인원이 많아질 경우 어떻게 인도할까?

많아진다고 달라질 필요는 없다. 많은 인원이 되었다는 것은 적은 인원일 때 좋은 소그룹 모임을 했다는 의미이다. 그러므로 늘 해 오던 것을 충실히 하면 된다. 그러면 나눔이 더 풍성해질 것이다.

Q. 리더를 피하는 청년은 어떻게 돌봐야 할까?

왜 피하는지를 먼저 알아야 한다. 그 후 상황에 맞게 다가가야 한다. 예를 들어, 예배가 지루하고 소그룹 모임이 지겨운 소그룹원이 있다면 축제를 이용하거나 소그룹에서 노는 시간을 이용하여 초대하고 관계를 맺고 소속감을 갖게 해 주는 것이 해법이다.

Q. 리더로 헌신하면서 겪는 고충에는 무엇이 있을까?

나보다 나은 소그룹원을 바라볼 때, 나 때문에 소그룹이 무너져 가는 것 같을 때, 민감한 질문들을 받을 때… 등 난감할 때가 많다. 하지만 결국 이 모든 것이 나와 하나님과의 관계 문제이다. 기도의 자리를 사수하고 기도로 해결해야 한다. 하나님과 나와의 관계가 풀리면 모든 것이 해결된다.

현장 리더가 귀띔해주는 소그룹 운영 노하우 (A 리더:28세, 여자)

1. 모임 전

❶ 기도로 준비한다.

주일 아침, 금요 예배, 큐티 시간에 소그룹을 위한 기도는 기본이다. 특히 주일 아침에 하는 기도의 경우, 주님이 정말 성령 충만함을 부어주신다는 것을 경험한다. 시간이 돼서 의무적으로 기도하는 것이 아니라, 기도의 힘을 믿고, 기도하지 않으면 안 되는 것을 알기에 기도하는 것이다.

소그룹의 첫 모임이 시작되기 전에 우리 소그룹이 주님께서 보시기에 어떤 소그룹 되길 원하시는지 묻고, 응답받아 1년 동안 기도를 이어 나간다.

❷ 금요 예배를 못 갔을 시, 설교를 찾아 듣는다.

리더 모임의 장이나 간사님, 친구 리더에게 문의하여 우리 교회나 다른 교회 해당 말씀 설교를 찾아 들어 본다. 주님이 분명 도와주셔야 하지만 나도 준비가 되어야 자신 있게 "큐티 하자!"라고 말할 수 있다.

❸ 최선을 다하고, 주님께 도움을 구했으면, 결과에 대해선 잠잠하게 기다린다. 높은 기대치를 갖지 않는다. 특히 타인이든, 자신이든, 사람에 대한 기대를 내려놓는다.

2. 주중 심방
❶ 기도한다.
심방 전에도 반드시 나의 연락과 관심이 소그룹원에게 도움이 되게 해 달라고 기도하고 시작한다.

❷ 다양한 방법으로 심방한다.
심방의 방법으로는 일상적으로 보내는 문자, 말씀 문자, 큐티를 정리하는 문자, 기도 제목을 적은 문자, 전화 등이 있다. 주로 개인적으로 이름을 꼭 불러 가면서 심방한다.

❸ 장기 결석자들을 관리한다.
장기 결석자들은 적어도 리더와는 연락이 되도록 유지한다. 모임에 무조건 끌고 나와야겠다는 인간적인 욕심은 버리고, 짧은 통화나 문자라도 끊이지 않도록 하면 돌아올 수 있는 문이 열린다.

3. 모임 진행
❶ 모임 초반엔 조용하고 어색한 게 당연하다.
큐티도 중요하지만, 친구들끼리 서로 친해질 수 있는 기회를 제공한다. 마니

또(제비뽑기해서 대상을 정하여 서로를 위해 기도하고 문자 주고받기), 평일에 만나서 삶 나누기, 일대일로 기도 제목 나누기 등을 한다. 그리고 소그룹원들의 생일은 꼭 챙긴다. 때로는 리더가 희생하는 것에 대해 두려워하지 않는다.

❷ 기대치 버리기의 연장 선상
내가 정말 최선을 다했으면, 두 명을 보내주셔도 감사, 많이 보내주셔도 감사한다. 기도와 말씀으로 무장했을 때, 어떤 상황에서도 웃을 수 있고 평안할 수 있다.

❸ 무조건 큐티를 한다.
소그룹 모임 중에는 일부러라도 밖에 나가지 않는 것이 좋다. '혹시 내가 잘못 말하면 어떡하지, 내가 나누는 이야기에 관심이 없으면 어떡하지' 하는 걱정과 같이 소그룹원들 입장에서 그들의 마음을 먼저 읽어 준다. 소그룹원들이 느낀 점을 한 마디라도 나눌 수 있도록 권유한다. 그리고 소그룹원들이 나누었을 때 충분한 피드백을 해 주며 자연스러운 연결이 중요하다.
소그룹원이 일단 하나님을 경험하지 못했다고 하더라도, 교회 나오고 모임에 온다는 것 자체가 하나님이 싫지 않으며, 하나님께서 뭔가 작업하고 있는 상태라고 할 수 있으니, 복음에 대해서 돌려 말하지 않아야 한다. 주님의 죽으심과 부활하심으로 인한 죄 사함 등에 대해 있는 그대로 이야기한다.
모두에게 똑같은 수준을 강요하지 않고 각자의 수준대로 격려하고 충분히 잘하고 있다고 응원한다.

❹ **나를 힘들게 하는 소그룹원을 위해서 기도해야 한다.**
나를 힘들게 할수록 그 소그룹원을 더 품어야 한다. 기도하다 보면, 정말 소그룹원이 왜 그럴 수밖에 없었는지에 대해 통찰력을 주시며, 긍휼한 마음도 부어주신다.

❺ **세상에 나가 일을 하면서도 리더로 섬기는 것에 보람을 느낀다.**
학교를 다니면서 바쁘게 아르바이트를 하다 보니, 교회에서 리더까지 하기에는 힘들다고 생각했었는데, 어느 순간 오히려 이 소그룹모임이 나를 쓰러지지 않게 지켜주는 버팀목이 된다는 것을 깨달았다. 그래서 어떻게 보면 내가 소그룹원들에게 뭔가를 해 주기 위해서 소그룹모임을 하는 것이 아니라, 하나님의 우리 모두를 위한 계획하심이 있다는 것을 알게 되면서 리더로 섬기는 것에 대한 나의 태도가 달라졌다.

SUMMARY

1. 삶의 나눔이 있다고 변화가 나타나지 않는다.

- 소그룹은 청년들이 교회를 경험할 수 있는 가장 중요한 자리이다.
- 사람들과 함께 만나고 이야기하면서 서로에게 배우고 신앙적인 도전을 받을 수 있다.
- 소그룹을 통해 말씀에 자신을 비추어 객관적인 자신을 낯설게 만나는 순간이 있어야 한다.

2. 하나님이 생각나는 자리가 되어야 한다.

- 소그룹을 진행하는 데에는 반드시 걸어야 하는 정도라는 것은 없다.
- 소그룹을 이끄는 리더에 따라서, 구성원에 따라서 가장 좋은 방법을 찾으면 된다.
- 잊지 말아야 할 단 하나의 목적은 반드시 '하나님이 생각나는 자리'여야 한다는 것이다.

3. 다른 사람의 기쁨을 위하여 일할 수 있는 기회를 잡아라.

- 리더로 섬긴다는 것은 소그룹원들 중에서 가장 뛰어난 신앙의 소유자가 된다는 의미가 아니다.
- 소그룹의 리더가 된다는 것은 자기중심성을 벗고 다른 이의 유익을 구하며 살아가는 예수 정신의 구현과 실천에 있다.

4. 똑똑한 리더보다 헌신하는 리더가 되어야 한다.

- 리더가 아무리 대단한 성경 지식을 갖고 있다고 하더라도 혼자서 말하는 자리가 된다면 소그룹은 건강하게 자라지 않는다.
- 변하는 세상에서 한결같은 하나님의 성품으로 닮아가는 리더가 필요하다.
- 소그룹원들이 리더를 존중하고 신뢰할 때는 그들의 마음을 울리는 사랑이 있을 때이다.

CHAPTER. 9

평생 가는
또래모임

- 또래장(리더), 누구를 세울 것인가?
- 또래모임, 어떻게 준비해야 할까?
- 또래모임, 어떻게 진행해야 할까?

교회 공동체는 기본적으로 가족 공동체이다. 그래서 가족 간의 유대를 강화하고 사랑이 넘치는 공동체를 이루는 과정이 꼭 필요하다. 이런 활동의 중심에는 '또래'를 중심으로 한 공동체의 결속력이 있다. 역사가 짧지 않은 교회들은 대부분 이런 또래모임들이 오래 지속된다. 오래 정도가 아니라 거의 평생 간다고 봐도 과언이 아니다. 또래를 중심으로 자연스럽게 소그룹도 형성되고, 신앙과 삶을 나누며 그렇게 나이 들어가는 것이다.

이렇게 중요한 또래모임을 청년 시기 초반에 제대로 경험하면 교회 공동체 안에서 건강한 소그룹으로서 좋은 역할을 감당할 것이다.

어느 교회든 공동체 구성원을 볼 때 또래 그룹이 갖는 영향력과 파급력은 막대하다고 할 수 있다. 여선교회, 청장년회, 남선교회만 보더라도 잘 알 수 있다.

또래가 잘 뭉치는 기관들은 분위기 자체가 다르다. 그런 또래들이 은혜로 잘 다져지면 교회 안에서 엄청난 힘을 발휘하면서 교회의 중심적인 역할을 감당하게 된다. 그러므로 교회는 또래들이 모일 수 있는 장을 마련해 주어야 한다. 또래 공동체에도 섬기는 역할을 감당할 리더가 세워지는 것이 중요하다.

▶ 또래장(리더), 누구를 세울 것인가?

또래장을 세울 때 신실한 사람을 세울 것인가, 아니면 즐겁고 유쾌한 사람을 세울 것인가에 대한 고민이 깊어진다. 둘 다 겸비한 사람이 있다면야 좋겠지만 보통 그러기가 어렵다. 그래서 또래장을 세워야 하는 기준이 명확하지 않다면 성품의 측면으로 세우는 것이 좋다.

인간관계를 잘 맺는 사람을 세운다

또래 구성원들을 볼 때 신앙의 수준과 인격의 수준은 천차만별이다. 그런 다양한 사람들을 이끌어 가려면 성품이 정말 중요하다. 믿음이 너무 좋은 사람이 또래장으로 세워지면 믿음이 없거나 약한 또래들에게 자칫 너무 과한 신앙적 기준을 내밀어서 오히려 교회에 마음을 두지 못하게 하는 경우도 생길 수 있다.

예를 들면, 또래모임을 하라고 하니까 기도 제목 나누고, 큐티 하자고 하고, 모이면 기도회만 하는 것이다. 이렇게 하면 또래모임의 목적은 사라진다. 교회에 적응하지 못하는 사람들을 끌어내어 마음을 열어 주어야 하는데 오히려 마음을 닫게 만들 것이다.

신앙적 기준이 있는 사람을 세운다

성품이 좋다는 측면에서 최소한의 신앙적 기준이 있어야 한다는 것도 명심해야 한다. 유쾌하고 즐거운 성품인데 신앙이 없으면 그 모임은 세상 모임과 별반 다르지 않은 모임으로 그칠 수 있다. 또래모임도 신앙 공동체라는 것을 잊으면 안 된다. 먼저 또래들과 어울리는 것이 얼마나 행복한 일인지를 경험시켜야 한다. 그래야 교회 울타리 안으로 들어오고 공동체성이 다져지는 것이다.

재미있고 유쾌한 사람을 세운다

재밌고 유쾌한 사람이 리더가 되어 또래모임을 섬기게 되면, 그 모임의 분위기는 자연스럽게 즐겁고 유쾌해질 가능성이 높다. 리더가 그 모임의 분위기를 적절하게 주도해 갈 수 있다면, 그 또래 모임에 참석하는 또래원들이 보다 더 쉽게 참여할 수 있을 것이다.

처음 온 새가족이나 지체들이 공동체 모임이 즐거울 때 다음 모임에 대한 기대감을 가질 수 있으며, 더 나아가 자발적인 모임으로까지 이어질 수 있다.

공동체의 또 다른 리더십으로 인정한다

공동체 안에서 다양한 훈련이나 프로그램이 있을 때, 또래장의 리더십을 존중해 주어야 한다. 그래야 또래들에게 선한 영향력도 끼치고 공동체의 리더로서 자부심을 갖게 된다.

또래모임 때만이 아닌 평상시에도 또래들을 돌보고 이끌어 가는 역할을 감당하게 하는 것이다. 사역자가 직접적으로 파악하지 못하는 청년들의 상황까지도 알 수 있는 통로가 된다. 또래장의 리더십은 교회 안에서 평생 갈 수도 있음을 기억하라.

▶ 또래모임, 어떻게 준비해야 할까?

또래장 교육을 실시해야 한다

또래장이 선정되었다면 또래장들의 교육을 실시해야 한다. 또래모임은 언제 모여야 하는지, 모여서 어떠한 것을 해야 하는지, 그리고 아직 또래모임에 나오지 않는 사람은 어떻게 접근해서 참석을 유도해야 하는지, 새가족이 들어온 경우 또래들이 어떻게 마음을 모아서 환영해야 하는지 등을 교육한다.

사역자가 점검해 주지 않을 경우, 편차가 심해서 매우 활성화되는 또래모임이 있는가 하면 아예 와해되는 경우도 생기게 된다. 공동체 전체에도 영향을 미칠 수 있으므로 또래들의 모임이 어떻게 진행되고 있는지 유심히 살필 필요가 있다.

또한, 또래장 교육에서는 다른 또래 모임에서 하고 있는 좋은 것들을 서로 공유하면서 전체적인 분위기를 좋게 이어갈 수 있다.

또래장 교육은 초반에만 하는 것이 아니라 정기적으로 실시하여 또래모임이 지속적으로 유지될 수 있도록 한다.

공동체에서 또래모임이 차지하는 비중을 고려해야 한다

또래모임은 기본적으로 청년 담당 사역자의 소그룹에 대한 목회 철학이 반영되어야 한다. 공동체의 전체적인 그림 안에서 또래모임이 차지하는 비중도 잘 따져 보아야 한다.

상황에 따라서는 또래모임이 공동체의 전체적인 방향이나 흐름을 거스르는 경우, 또래모임을 한동안 강조하지 않아도 괜찮다. 사역자 리더십의 공백이나 어려움이 있었던 교회들은 청년들의 또래모임이 공동체 전체의 분위기를 부정적으로 가져갈 수도 있다는 것을 명심해야 한다.

성인 공동체에 있어서도 그렇지만 청년공동체에서도 또래 그룹은 공동체의 다양한 생각들이 공유되는 자리이다. 공동체 전체적인 분위기를 좌우할 수도 있는 것이다. 사역자는 공동체 전체적인 상황을 잘 파악해서 또래모임이 어떤 방향으로 나아가야 하는지를 잘 제시해 주어야 한다.

▶ 또래모임, 어떻게 진행해야 할까?

또래모임은 자율적으로 운영하되 필요에 따라 매월 혹은 분기별로 단합을 위하여 모임을 갖는 것이 필요하다. 때에 따라서는 또래모임을 활성화하기 위하여 소그룹 시간에 또래모임을 진행하기도 한다. 그러나 원칙적으로는 소그룹의 영역이 약화되지 않는 선에서 모임을 갖도록 한다.

즐거움을 위해서는 레크레이션이나 스포츠(볼링, 자전거 등) 야외 활동 등을 할 수 있다. 서로를 알아가기 위해서는 기질 테스트(애니어그램, MBTI 등)와 같은 활동 등을 할 수 있다. 좀 더 깊이 있는 모임을 위해서는 독서 토론, 교회내 캠페인, 봉사활동, 기도회 등을 하는 것도 좋다.

계절을 활용하라

계절을 활용하여 모임을 진행하면 좋은 점이 많다. 계절별로 야외로 나가서 자연 속에서 즐거운 시간을 갖는 것이다. 감사하게도 우리나라는 사계절이 있어서 그 변화가 주는 장점이 있다.

봄에는 꽃놀이, 여름에는 물놀이, 가을에는 단풍놀이, 겨울에는 눈썰매나 스케이트, 보드(스키)를 함께 하는 것이다. 때때로 또래별로 사진 콘테스트를 하는 것도 공동체 분위기에 좋다.

트렌드를 주목하라

트렌드란 이 시대를 살아가고 있는 청년들이 공감할 수 있는 문화적 요소이다. 이 시대 청년들이 그들 스스로 즐거워하는 모임이 될 때, 그 모임은 더욱 생명력 있는 모임이 될 것이다. 맛있는 음식을 먹으러 다니는 맛집 여행, 작은 소그룹으로 또래를 나눠 미션을 수행하는 셀카 콘테스트, 분위기 좋은 카페에 함께 모여 시간을 보내는 카페

모임, 예배가 끝난 후 지역의 명소를 방문하는 이벤트 등, 청년들이 스스로 즐거워할 수 있는 트렌드를 파악하는 것은 매우 중요하다.

함께할 수 있는 활동을 찾아라

정기적으로 MT를 다녀오면 또래모임의 결속력은 더욱 커진다. 교회에서 비용 일부나 차량을 제공하면 또래모임이 더욱 활성화될 수 있다. 그리고 이런 경우 MT에서 어떤 내용으로 시간을 보낼지 어느 정도 사역자가 가이드라인을 제시하는 것이 필요하다.

그런 경우가 없길 바라지만 아주 간혹 이런 모임에서 음주를 하거나 불미스러운 일이 생길 수 있기 때문에 적절히 교육을 시킬 필요가 있다.

무엇보다도 관계가 건강히 잘 형성되도록 노력해야 한다. 오랫동안 함께해 왔기 때문에 의외로 또래끼리 갈등을 경험한 지체들이 적지 않다. 그런 상황을 극복하기 위해 서로를 알아가는 시간을 많이 보내고, 또 은혜로 서로를 품을 수 있도록 노력해야 한다.

관계가 깊이 있게 형성되면 무엇을 해도 즐겁기 마련이다. 반대로 관계가 온전하지 못하면 아무리 다양한 프로그램을 진행해도 또래모임이 어색할 수밖에 없다.

함께 할 수 있는 모임을 크게 '영적 모임'과 '여가 모임'으로 구분하여 정리해 보았다.

영적 모임	여가모임
중보기도모임 소그룹 예배 큐티 나눔 성경 통독 전도 모임 교회내 캠페인 (교회 청소, 독거 노인 방문 등) 후원 프로젝트 (비전트립 교회, 선교지 등) 교회내 기도회 참석	스포츠 활동 (볼링, 탁구, 자전거 등) 레크레이션 기질 테스트 (MBTI, 애니어그램, DISC 등) 산책, 등산, 사진 콘테스트 지역 명소, 박물관 탐방 맛집 투어, 카페 티타임 공연 관람 (연극, 뮤지컬, 영화 등) 독서 토론, 보드 게임 정기적인 MT

연합 또래모임으로 단합하라

또래들이 평생 같이 가는 모임이지만 그렇다고 해서 다른 세대들과 단절되어서는 안 된다. 교회는 가족 공동체이므로 서로 유기적인 관계를 유지해야 장기적으로 건강한 교회를 세우는 일꾼들이 된다. 정기적으로 또래들이 서로 알아갈 수 있는 시간을 갖는 것이 중요하다.

공동체의 규모가 중대형인 경우 정기적으로 연합 또래 모임으로 두 또래들끼리 연결해 주면 좋다. 소형 교회인 경우 전체 모임을 통해서 또래 간 단합을 도모하거나 몇 또래를 묶어서 특별한 모임을 해 보는 것도 바람직하다.

나이 많은 또래와 어린 또래를 묶는 식으로 위아래로 한 또래씩 묶어서 연합 또래 모임을 실시할 수 있다. 모임 시 필요한 경비는 윗 또래들이 모범을 보이는 의미로 윗 또래가 부담하는 것도 좋다. 어린 또래

자매에게 접근하는 나이든 또래 형제들 때문에 살짝 불편한 일이 생길 수 있음을 감안하여 모임에 주의를 주는 것도 필요하다.

비정기적인 또래모임을 가져라

사람은 인생의 중요한 시기를 어떻게 보내느냐에 따라 삶도, 신앙도 달라진다. 또래모임은 그 의미 있는 순간을 같이 하며 서로의 삶을 더욱 의미 있게 만들어 주는 공동체이다. 공동의 경험을 나누면서 함께 성장하는 것이다. 정기적 또래모임뿐 아니라 비정기적으로 또래 중 특별한 시기를 보내고 있는 지체가 있을 때 바로바로 모이는 것이 좋다. 대학 입학 및 졸업, 취업, 입대, 결혼과 같은 날에는 또래장의 인도로 축복의 메시지를 담기도 하고, 작은 선물도 준비하면 더욱 감동적일 수 있다.

> **청년사역 가이드** *tip*
>
> **빠른 또래에 대한 정리**
>
> 나중에 헷갈리지 않도록 실제로 학교를 다닌 연도를 기준으로 또래를 정하는 것이 무난하다. 그리고 새가족인 경우에도 친구들이 어느 또래인지에 맞춰서 그룹에 들어가도록 한다. 빠른 또래 새가족인 경우 가끔 자기가 가고 싶은 또래로 갔다가 나중에 관계가 꼬이는 경우도 발생한다.

새가족이나 아웃사이더를 돌볼 사람을 정하라

새가족이나 또래 청년 중에서 약간 소외되는 사람이 나올 수 있다. 문제는 또래의 분위기가 폐쇄적, 배타적인 경우와 개인이 갖고 있는 성향이 모임에 참여하고 싶은 의지가 적기 때문일 수 있다.

어떤 경우든 서두르지 말고 그 청년을 지속적으로 돌볼 사람을 정하여 관심을 가져야 한다. 어차피 평생 가는 그룹의 형성이 목적이라면 몇 달, 혹은 한두 해 늦어진다고 해서 크게 문제 될 것이 없다.

또래모임이나 교회의 행사에 정기적으로 정보를 제공하고, 또 그 청년의 생일이나 다른 특별한 날에는 관심과 성의를 보인다면 언젠가는 함께할 날이 올 것이다.

모임을 위한 회비는 정기적으로 걷어라

또래모임에서 정기적으로 회비를 모아 모임을 진행하고, 또 의미 있는 곳에 사용하도록 한다. 다만 새가족이나 경제적인 상황이 어려운 지체들에 대해서는 지혜롭게 차등을 두는 것도 나쁘지 않다. 여유로운 지체들이 조금 더 헌신하는 아름다운 의식이 자리 잡는다면 더욱 건강하고 행복한 공동체가 될 것이다.

동기모임을 할 때, 갓 대학생이 된 청년 또래와 직장인으로 오래 지낸 또래는 경제적 차이가 있을 수 있다. 이러한 부분을 감안하여 또래모임 지원비와 모임 회비를 결정할 수 있다면 또래모임은 더 풍성한 교제를 나누게 될 것이다.

마무리는 기도로 마치게 하라

초반부에도 말한 것처럼 또래모임은 교회 공동체 모임에 속해 있다는 사실을 잊으면 안 된다. 또래모임은 그 나눔의 성격이 어떠했든지 상관없이 기도로 마치는 것이 좋다.

우리의 모임이 세상적 모임과 다르다는 정체성을 부여해 줘야 한다. 마지막이 기도로 마쳐지게 될 때 또래들이 신앙으로 연결된 모임이었다는 것을 기억하게 될 것이다. 그리고 그 기억은 하나님의 사람으로 세워져 가는 밑거름이 될 것이다.

실제 또래모임 진행안

아래 표는 B교회 새내기 또래모임 진행안이다. 총 4주로 이루어진 활동으로 첫 만남부터 시작하여 안에서 할 수 있는 나눔 활동과 밖으로 나가는 소풍까지 다양한 활동이 진행된다.

횟수	날짜	내용	비고
1	12월 마지막 주	**첫 만남 - 새 출발** 잘 모르는 친구가 있으면 알 수 있는 시간, 청년 도우미(멘토)와 친해질 수 있는 시간 • 신입 또래 전체 모임 • 조 편성, 아이스브레이크 • 앞으로 10년 동안 하고 싶은 100가지 일 적기 • 일정 설명	첫 만남인 만큼 너무 오랜 시간 모이지 않는다.

2	1월 첫 주	**두 번째 만남 – 친밀감 다지기** 각 조별로, 혹은 전체적으로 서로에 대해 조금 더 알아갈 수 있는 시간 • 각자 어떻게 지내는지 나누기 • 청년 예배의 소감 나누기 • 생각 공감하기 (앙케이트 조사)	다양한 공동체 게임을 통해서 서로에 대해 조금씩 알고 마음이 열리는 시간이다.
3	1월 둘째 주	**세 번째 만남 – Outing** 야외 소풍을 통한 돈독한 우정 다지기 및 추억 쌓기 • 미션 수행을 한 뒤, 일정 장소에 집결하기 • 저녁 식사 • Bye~!	장소, 미션 등을 같이 정하면 더욱 참여도가 높아진다.
4	1월 셋째 주	**네 번째 만남 – 마무리** 함께 했던 시간들을 되돌아보며 앞으로 가게 될 소그룹에 대해 알아보기 • 소감 말하기 • Feedback • 소그룹에 대한 정보 (큐티, 나눔, 모임 등)	

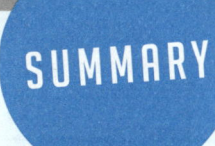

1. 또래모임은 평생 간다.

- 또래모임은 교회가 가족공동체로서 든든히 서는 데 중요한 역할을 하는 영향력 있는 그룹이다.
- 또래들이 은혜로 잘 다녀지면 교회 안에서 엄청난 힘을 발휘하면서 교회의 중심적인 역할을 감당하게 된다.
- 때로는 또래모임이 오히려 공동체 전체의 분위기를 부정적으로 가져갈 수 있다는 것도 명심해야 한다.

2. 또래모임의 생명력은 리더에 의해 크게 좌우된다.

- 또래장을 세울 때는 성품이 좋고 신앙적 기준이 있는 사람을 세운다.
- 또래장을 공동체 리더십의 하나로 세워주고, 모임 때만이 아닌, 평상시에도 또래들을 돌보고 이끌어 가는 역할을 감당하게 한다
- 또래장을 정기적으로 교육하고, 또래모임을 점검한다.

3. 인생의 의미 있는 순간을 같이 하며 함께 성장한다.

- 입학, 졸업, 유학, 입대, 취업, 결혼, 출산 등 의미 있는 시간을 놓치지 말고 또래장의 인도로 특별한 순간을 축복한다.
- 또래들이 서로에게 언제든 든든한 버팀목이 된다는 것을 경험하게 한다.

4. 또래모임은 즐겁고 은혜롭게 한다.

- 또래모임도 은혜와 즐거움의 두 마리 토끼를 잡아야 한다.
- 서로 영적으로 돌보는 모임이 되게 하고, 계절과 트렌드에 맞춰서 레저, 스포츠, 문화 활동을 다양하게 시도하면 좋다.
- 소외되는 또래들이 없도록 각별히 신경 쓰고, 또래 연합 모임으로 세대 간 연결을 도모하는 것도 의미 있다.

CHAPTER. 10

공동체를
건강하게 세우는
사역팀

- 청년들에게 사역이 필요한 이유
- 사역팀은 조.부.기(組.部.期) 가운데 하나다.
- 사역팀은 어떻게 세우는 것이 좋을까?

굳이 우선순위를 매기자면 청년에게는 사역 이전에 양육이 먼저다. 대부분의 청년은 여전히 영적 성장과 성숙이 필요하다. 따라서 청년에게는 먼저 균형 잡힌 양육이 필수라고 할 수 있다. 제대로 된 양육을 통해서 청년들은 지속적인 성장을 할 수 있으며, 현재의 모습을 넘어서서 그리스도의 장성한 분량이 충만한 데 이르기까지 자라날 수 있기 때문이다. 그런 면에서 청년은 분명 양육의 대상이 맞다.

그러나 동시에 청년은 사역의 주체이기도 하다. 청년은 사역할 수 있다. 아니, 청년은 사역해야 마땅하다. 청년들은 의미가 분명하고 가치가 있다고 확신하는 일이라면 목숨을 바칠 수 있는 세대이다.

▶ 청년들에게 사역이 필요한 이유

청년은 사역을 통해서 '나는 누구인지, 내가 서 있는 자리는 어디인지, 내게 있는 젊음, 은사, 열정, 자원 등을 어떻게 사용하며 살아야 하는지' 등을 자연스럽게 배우게 된다. 또한, 청년은 사역을 통해 공동체로서의 소속감을 느낄 수 있다. 내가 할 수 있는 어떤 사역팀에 소속되어 함께 사역하다 보면 그 팀원들 간에는 끈끈한 영적 우정이 생긴다. 일종의 전우애 같은 특별한 소속감이 생기는 것이다. 그래서 청년은 사역을 하면서 더욱 힘이 나는 것을 경험한다. 사역을 즐거워하고, 사역에 의미를 느끼며, 사역의 자리에서 더 많은 것을 배워가는 2차 양육이 일어나는 것도 사역의 또 다른 열매다.

이러한 청년들의 사역은 그리스도의 몸인 청년공동체를 세우는 결정적인 역할을 하게 된다. 결국 사역을 통해서 공동체는 완성되는 것이다. 탁월한 예배를 드리는 공동체가 되려면, 탁월하게 사역하는 예배팀이 세워져야 한다. 효과적으로 전도하고 선교하는 공동체가 되려면, 그렇게 전도와 선교를 기획하고 앞에서 섬겨줄 전도팀, 선교팀이 있어야 하는 것이다. 다양한 사역을 통해서 청년공동체 공동체의 여러 가지 핵심 가치들은 구체화된다.

▶ 사역팀은 조.부.기(組.部.期) 가운데 하나다

조부기라는 말을 들어본 적이 있는가? '조'는 우리가 흔히 소그룹이라 부르는 양육 조직을 말한다. 예를 들어, 1조, 2조, 3조로 나누어서 관리하고 양육하는 것이다.

'부'는 관리부, 예배부, 회계부와 같이 사역의 틀을 나누고 효율적으로 조직하는 것을 말한다. '기'는 동기모임처럼 95동기, 97동기 등 교제를 중심하는 모임을 의미한다.

청년사역자라면 조부기를 알아야 한다. 조부기는 청년공동체를 구성하는 세 가지 기둥을 말한다. 청년공동체를 하나의 집으로 비유할 때 그 집을 떠받치고 있는 세 가지 기둥이 있다. 그것은 곧 양육 기둥(조), 사역 기둥(부), 교제 기둥(기)이다.

양육 기둥이 잘 세워져 있어야 한다

양육 기둥은 청년들을 예수님의 사람, 그리스도의 제자로 세워가기 위해 필요한 양육적 요소의 시스템을 말한다. 대표적인 것이 '소그룹'(속회, 셀, 순 등)이다. 이 양육 기둥을 통해 청년들은 돌봄과 양육을 경험하게 되는데 이 양육 기둥을 이른바 '조' 라고 한다.

사역 기둥이 잘 세워져 있어야 한다

사역 기둥은 청년들을 그리스도의 몸을 세워가는 주체로 세워가기 위해 필요한 사역적 요소의 시스템을 말한다. 대표적인 것이 바로 '사역팀'이다. 사역팀을 묶어서 부서로 분류할 수도 있다. 이 사역 기둥을 통해 청년들은 사역에 직접적으로 참여하게 되는데 이 사역 기둥을 이른바 '부'라고 한다.

교제 기둥이 잘 세워져 있어야 한다

교제 기둥은 청년들을 친밀한 교제권으로 묶어 주는 친교적 요소의 시스템을 말한다. 대표적인 것이 '또래모임'이다. 이 교제 기둥을 통해서 청년들은 동질 집단의 끈끈함과 편안함을 느끼면서 쉽게 공동체에 소속감을 갖게 되는데, 이 교제 기둥을 이른바 '기'라고 한다.

청년공동체가 건강하게 세워지려면 이 조부기가 모두 튼튼하게 세워지는 것이 좋다. 이 세 가지 기둥은 각각 독립적이기도 하지만 상호 보완적인 역할을 한다. 즉 A라는 청년이 소그룹에도 소속되어 있으며, 사역팀에서도 역할을 하고 있고, 또래모임에도 참여하고 있다면, A청년은 청년공동체의 3중 시스템에 골고루 관계하고 있다고 할 수 있다. 그러므로 사역팀은 이 조부기의 한 축을 이루고 있는 매우 중요한 시스템이다.

▶ 사역팀은 어떻게 세우는 것이 좋을까?

공동체의 비전과 핵심 가치에 따라 세운다

사역팀을 세우고 운영할 때 가장 중요한 것은 공동체의 비전과 핵심 가치를 고려하는 것이다. 사역팀은 반드시 공동체의 비전에 맞게 세워야 한다. 사역팀은 핵심 가치에 따라 우선순위를 가지고 세워야 한다. 아무렇게나 세워진 많은 사역팀은 방만한 조직에 불과하다.

사역팀은 취미 모임이 결코 아니다. 즉, 사역팀은 선호하는 기호가 동일한 사람들끼리 모이는 친목 단체가 아니다. 사역팀은 그 공동체의 비전을 따라가는 구체적 방법이다. 사역팀은 그 공동체의 핵심 가치를 성취해 가는 실제적인 통로이다. 따라서 사역팀을 세울 때는 그 공동체가 가지고 있는 비전이 무엇인지, 또 그 비전을 성취해 나가기 위해 채택하고 있는 핵심 가치는 어떤 것인지를 정확히 파악한 뒤, 공동체의 비전과 핵심 가치에 맞는 사역팀을 세워야 한다.

조심해야 하는 것은 다른 교회의 사역을 그대로 따라 해서는 안 된다. 물론 사역을 잘하는 다른 교회를 지혜롭게 벤치마킹하는 것은 바람직하다. 그러나 좋아 보인다고 무조건 그대로 하는 것은 매우 위험한 결과를 초래할 수 있다. 그것은 각각의 공동체마다 비전과 핵심 가치가 다르고, 또 그 공동체를 구성하고 있는 구성원들의 역량이 천차만별이기 때문이다.

따라서 사역팀을 세울 때는 어설프게 흉내 내려고 하지 말고, 각 공동체의 방향과 여건에 맞는 사역팀이 무엇인지를 우선순위에 따라 구별할 필요가 있다. 사역팀은 철저하게 공동체의 비전과 핵심 가치를 지향하는 모임이어야 하기 때문이다.

이미 운영하고 있는 사역팀은 내실 있게 꾸려낸다

공동체 규모의 크기와 상관없이 대부분의 청년공동체는 이미 여러 가지 사역팀이 존재한다. 보통 내부지향적인 사역팀으로 예배팀, 찬양팀, 워십팀, 영상팀, 중보기도팀, 새가족팀, 문서팀, 디자인팀, 드라마팀 등이 있다. 또 외부지향적인 사역팀으로는 전도팀, 선교팀, 긍휼 사역팀 등이 있다.

팀이라는 이름을 붙이지는 않았어도 많은 공동체는 사역팀의 역할을 이미 하고 있다. 예를 들어, 대부분의 청년공동체는 찬양으로 예배를 드린다. 예배 인도자가 있고, 반주자가 있다. 이미 그 공동체 안에는 예배팀 혹은 찬양팀이 존재하고 있는 것이다. 또 대부분의 공동체는 주보를 문서로 만든다. 문서팀이 있는 것이다. 이러한 사역들을 잘 정리하는 것이 가장 먼저 할 일이다. 이미 운영하고 있는 사역팀을 보다 내실 있게 꾸려내는 것이 필요하다.

이때 중요한 것은 '그냥 해 왔던 대로'가 아니라 '어떻게 하면 더 잘할 수 있을까?'를 고민한다. 추가할 것은 추가하고 보완할 것은 보완하면서 '똑같이'가 아니라 '내실 있는 사역팀'으로 기존의 사역팀을 업그레이드 시켜야 한다.

여기서 중요한 것은 '탁월함'이다. 주보를 하나 만들 때에도 글자 폰트, 디자인 등을 신경 쓰면서 '똑같지만 다르게' 만들어 내는 것이 필요하다. 내실이 있는 사역팀으로의 변화는 공동체 구성원들의 분위기도 달라지게 할 것이다.

필요한 사역팀은 새롭게 신설한다

공동체에 필요하다고 여겨지는 사역이 있다면 새롭게 신설할 수 있다. 이때 중요한 것은 필요하게 여겨진다고 그냥 막 세우면 안 된다는 사실이다. 안 하던 사역이기에 사실 급할 필요가 전혀 없다. 성급하게 시작했다가 추후에 감당해 내지 못한다면 애초에 시작하지 않는 것이 낫다.

사역팀을 신설하려면 철저한 준비 과정을 거친 뒤 시작해야 한다. 구성원들과 함께 사역팀의 필요성을 점검하고, 그 사역에 대한 비전을 공유해야 한다. 마음이 함께 준비되었다면 인력과 예산과 시스템 등을 차례로 준비해야 한다.

절대 서두를 필요가 없다. 기간을 두고 천천히 준비하면 된다. 오히려 그렇게 새로운 사역이 준비되고 있음을 구성원들에게 알리며 기도를 모아 가고 마음을 모아 가고 관심을 모아 가는 것이 좋다. 그러면 구성원들도 새롭게 신설될 사역팀을 신선하게 대할 것이다. 또 새롭게 생겨날 사역팀에 기대감을 갖게 될 것이다.

운영이 힘들거나, 불필요한 사역팀은 과감하게 폐지한다

청년공동체의 사역 시스템은 주기적으로 구조조정을 하는 것이 필요하다. 그동안 하던 거니까 그냥 붙들고 가야 한다고 생각할 필요는 없다. 사역팀은 얼마든지 필요에 따라 세워질 수 있고, 또 상황에 따라 없어질 수도 있다. 공동체의 역량으로 운영이 어려운 사역팀은 지혜롭게 정리하는 것이 좋다. 또 별로 의미도 없고, 재미도 없어 보이는 불필요한 사역팀은 과감하게 폐지하는 것이 좋다.

양육 조직은 함부로 손대거나 잦은 변화를 주는 것이 옳지 않다. 그러나 사역 조직은 다르다. 사역팀은 얼마든지 유동적일 수 있다. 잘 안 되는 사역팀을 오래 붙들고 있으면서 힘과 에너지를 뺏기지 말아야 한다. 오히려 그런 사역팀은 과감하게 정리하고, 그 결과로 생겨나는 인력, 재정, 에너지를 다른 곳으로 돌리는 것이 전체적으로 보면 옳은 선택일 경우가 많다.

사역은 은사에 따라, 열정에 따라 한다

사역은 은사에 따라 하면 좋다. 청년들에게는 하나님께서 각자에게 주신 은사가 있다. 그런데 많은 청년들이 그것이 무엇인지를 잘 모른다. 은사를 모르기에 은사에 따라 사역하지 못하는 것이다. 그래서 사역이 재미도 없고, 열매도 없다. 그러나 각자에게 주신 은사가 무엇인지를 정확히 알고, 그 은사에 따라 사역을 하면 재밌고 신이 난다. 그만하라고 해도 더 하려고 한다. 그러므로 지도자는 청년들이 각자의 은사를 발견할 수 있도록 도와줘야 한다. 필요하다면 은사 발견 세미나와 같은 은사 점검 프로그램을 활용할 수도 있다.

또한 사역은 비전에 따라 하면 좋다. 여기서 말하는 비전을 다른 말로 하면 열정이다. 똑같이 가르침의 은사가 있는 사람이라도 열정이 다를 수 있다. 어떤 사람은 어린이에 대한 열정이 있을 수 있다. 반면에 다른 사람은 노인에 대한 열정이 있을 수 있다. 그럴 경우 똑같은 가르침의 은사가 있더라도 열정에 맞게 사역을 해야 기쁘다. 그래야 지치지 않는다.

어린이에게 열정이 있는 사람에게 가르침의 은사가 있다고 해서 노인을 가르치라고 하면 그의 사역은 결코 즐겁지 않을 것이다. 따라서 사역은 은사에 맞게, 열정에 따라 하는 것이 좋다.

사역은 과중해서도 안 되고, 전무해서도 안 된다

대부분의 청년공동체는 사역을 하는 사람들이 정해져 있다. 이 말은 사역하는 청년들이 이중 삼중 너무 많은 사역을 감당하고 있다는 말이다. 또 사역하지 않는 청년들은 아예 아무 일도 하지 않은 채 구경꾼처럼 교회를 다니고 있다. 둘 다 문제다.

청년들에게 사역은 너무 과중하면 안 된다. 성실하다고, 일을 잘한다고, 또 마땅히 할 사람도 없다고 그에게 많은 사역을 맡기면 결국 탈진하게 된다. 또 청년들에게 사역은 너무 없어도 안 된다. 전술했지만 청년은 이미 사역의 주체로 사역해야 마땅하기 때문이며, 청년들에게 적절한 사역은 매우 큰 유익을 제공하기 때문이다.

따라서 공동체 구성원 모두가 골고루 사역을 나눠서 하는 것이 필요하다. 이를 위해서는 강단에서 사역에 대한 말씀을 선포하고 나누는 것이 필요하다. 사역의 가치와 비전 등을 구체적으로 알리고 사역으로의 초대를 할 필요가 있다. 또 주보, 포스터, 기타 광고를 통해서 청년들에게 사역을 자세하게 소개하고 홍보할 필요도 있다. 그리고 1년에 한 번 정도는 사역팀 소개와 사역 팀원 충원을 목적으로 하는 사역박람회를 개최하는 것도 좋은 방법이다.

사역 팀장에 대한 사역자의 돌봄이 필요하다

세워진 사역팀의 성패는 사실 사역 팀장에게 달려 있다고 해도 과언이 아니다. 따라서 사역자는 사역 팀장을 잘 세우고 그들을 지속적으로 점검해 주며 돌봐 주는 역할을 잘 해야 한다.

일의 영역에서는 세워진 사역 팀장에게 최대한의 권한을 주는 것이 좋다. 사역팀의 리더로 세웠다면 그에게 최대한의 권한을 이양해 주는 것이 필요하다. 그럴 때 사역 팀장은 주도적으로 사역팀을 이끌 수 있으며, 의미와 보람도 극대화되기 때문이다. 그러나 동시에 사역 팀장의 사역에 대한 지속적인 점검은 필수다.

권한을 부여했다고 해서 팀장이 마음대로 해서는 안 된다. 각 사역팀이 끊임없이 공동체의 비전과 핵심 가치에 보조를 맞춰서 가고 있는지를 살펴 줘야 하고, 팀원들과의 관계는 문제가 없는지 등에 대해서도 관심을 가져 줘야 한다.

또한, 무엇보다 사역자는 사역 팀장에 대한 영적 돌봄을 세밀하게 해 줘야 한다. 자칫 사역 팀장을 '일꾼'으로만 여겨서는 안 된다. 사역자는 사역 팀장의 영적 상태를 살펴주고, 돌봐 줘야 한다. 그럴 때 사역 팀장이 흔들리지 않고 건강하게 사역팀을 이끌 수 있다. 그리고 그런 사역 팀장이 서 있는 사역팀은 건강하게 그리스도의 몸을 세우는 사역을 해내는 멋진 사역팀이 될 것이다.

1. 사역팀은 조.부.기(組.部.期) 가운데 하나다.

- 청년공동체를 집으로 비유할 때 그 집을 떠받치고 있는 세 가지 기둥이 있는데, 양육 기둥(조), 사역 기둥(부), 교제 기둥(기)이다.
- 사역팀은 이 세 가지 기둥(조부기)의 한 축을 이루고 있는 매우 중요한 시스템이다.
- 사역 기둥은 청년들을 그리스도의 몸을 세워가는 주체로 세워가기 위해 필요한 사역적 요소의 시스템이다.

2. 사역팀은 공동체의 비전과 핵심 가치에 따라 세워야 한다.

- 사역팀은 취미나 기호가 동일한 사람들이 모이는 친목 단체가 아니다.
- 사역팀은 공동체의 비전에 맞게 세워야 한다.
- 사역팀은 핵심 가치에 따라 우선순위를 가지고 세워야 한다.

3. 사역팀은 적절한 구조 조정이 필요하다.

- 사역팀은 필요에 따라 얼마든지 새롭게 세워질 수 있고, 또 상황에 따라 없어질 수도 있다.
- 이미 운영되고 있는 사역팀은 보다 내실 있게 세운다.
- 새롭게 필요하다고 여겨지는 사역팀은 얼마든지 신설할 수 있다.

4. 사역은 과중해서도 안 되고, 전무해서도 안 된다.

- 청년공동체에서 열심히 사역하는 청년들은 이중 삼중 너무 많은 사역을 감당한다.
- 사역하지 않는 청년들은 지나치게 아무 역할도 하지 않은 채 구경꾼처럼 교회를 다닌다.
- 사역은 그 공동체의 구성원 모두가 골고루 나눠서 함께 감당하는 것이 좋다.

PART 4

청년사역, 성장과 성숙의 통로

변화와 은혜를 경험하는
특별한 시간

청 년 사 역 가 이 드

CHAPTER. 11
따스함이 묻어나는 전도축제

CHAPTER. 12
변화를 꿈꾸는 수련회

CHAPTER. 13
하나님 나라를 경험하는 단기선교

CHAPTER. 11

따스함이 묻어나는
전도축제

- 전도축제가 꼭 필요할까?
- 전도축제를 위해 무엇을 준비해야 할까?

최근 들어 청년공동체가 전도축제를 통해서 성장하는 경우는 극히 드물다. 몇 주 정도 예배 인원이 늘었다가 금세 제자리로 돌아오는 것이 일반적이다. 심지어 썰물처럼 빠져나가는 사람들을 보며 기존의 청년들마저 낙담하거나 전도에 회의적이 되는 경우도 있다.

사역자들에게도 마찬가지다. 열심히 준비한 전도축제가 가시적인 효과를 거두지 못하면서 전도 자체에 대한 회의와 두려움이 생기기도 한다. 이것은 전도축제의 목적을 공동체의 성장에 두었을 때 일어나는 부작용들이다.

전도는 단순히 공동체의 성장을 위한 도구가 아니다. 이 사실을 잊지 말아야 한다. 하나님과의 관계를 회복하고, 예수님의 은혜를 고백하며, 성령님과 동행하는 삶의 의미와 기쁨을 전하는 것이 전도의 본질이다.

▶ 전도축제가 꼭 필요할까?

전도축제의 목적은 공동체의 성장이 아니라 복음의 나눔이 되어야 한다. 참여하는 사역자와 성도들 모두가 이 목적을 분명하게 공유하고 있다면 전도축제는 그 가시적 결과와 무관하게 모두에게 진정한

축제가 될 수 있을 것이다. 수적 변화보다 복음의 나눔에 초점을 맞추어 준비하는 과정은 참여하는 모든 성도들에게 가슴 벅찬 경험이 된다. 조직의 성장을 위해 동원된 일꾼이라는 생각과 싸워 왔던 이들에게는 더욱 그럴 것이다. 하나님께서 맡겨주신 위대한 사명이 비로소 방향과 목적을 회복하는 시간이라 느낄 것이다.

신기하게도 이렇게 준비된 전도축제는 수적 결과를 목표로 하지 않아서, 아니 오히려 그것에서 자유했기 때문에 더욱 진정성을 갖게 되고 초대받은 이들도 그 매력을 발견하게 될 것이다. 억지스럽지 않은 자연스러운 성장이야말로 우리 모두가 바라는 유기적 공동체의 부흥이 아닐까?

성도들로 하여금 증거의 삶을 살도록 돕는 것이 신앙공동체가 지향하는 바이다. 증거의 삶이란 대규모 집회에 사람들을 데리고 오는 노력을 뜻하는 것이 아니다. 이벤트나 프로그램으로 할 수 있는 것은 더욱 아니다.

전도축제에 열심히 참여하는 것으로 전도의 삶에 성공했다고 말한다면 지나친 비약일 것이다. 하지만 적어도 바른 목적을 공유한 공동체의 노력은 궁극적 목적을 위한 기폭제가 되는 것은 분명하다. 여기에 청년공동체가 전도축제를 잘 준비해야 할 이유가 있다. 몇 번의 행사를 위한 강요와 동원이 아니라 전도의 삶을 이어갈 훈련과 실천으로서의 의미가 있는 것이다.

청년들은 아직 완성된 작품이 아니다. 여전히 배우고 경험하고 훈련하여 신앙의 눈으로 바라보는 영역을 넓혀가는 시기다. 좁은 시야,

적은 경험으로 인해 주저하고 머뭇거리게 하는 영역들을 공동체가 힘을 모아 부수는 과정이어야 한다. 그래서 전도축제는 관념으로 알고 있던 삶의 전도가 구체적인 삶 속에서 어떻게 구현되어야 하는지를 고민하고 도전할 수 있도록 돕는 장이어야 한다.

▶ 전도축제를 위해 무엇을 준비해야 할까?

복음과 함께 전해지는 따뜻함

전도축제를 위해서는 복음과 따뜻함을 준비해야 한다. 둘은 서로 다른 영역이지만 실은 서로를 빛나게 하는 가장 가까운 단어다. 복음을 정확히 전하는 것만으로도 의미를 부여할 수 있지만 초대받은 이들에게 그것이 감동이 되고 신뢰를 부여하는 이유가 되지 못한다면 그것은 분명 복음을 전하는 이에게서 따뜻함을 느끼지 못했기 때문일 것이다. 전도축제를 통해 전해지는 복음의 온전함은 사역자와 성도들의 사랑과 따뜻함을 통해서 더욱 빛나게 되는 것이다.

교회는 세상과 다른 무언가를 주어야 한다. 그러므로 세상의 문화와 다르지 않으면서 세련되고 탁월하게 복음을 전할 수 있다면 더없이 좋은 일이겠지만 자칫 문화의 옷을 입다가 복음을 놓치는 우를 범해서는 안 된다.

사람들이 지금껏 너무나도 당연히 여기며 갖고 있던 자신의 세계관과 인생관을 말씀의 관점에서 새롭게 바라볼 수 있도록 도와야 한다.

이런 변화는 급진적으로 일어나지 않고 점진적으로 나타난다. 그들의 생각을 무시하거나 그들의 문화를 폄훼하는 방법으로 접근하는 것은 어리석다. 우리도 처음에는 다 그렇지 않았는가? 우리도 한 번의 강력한 설교로 변화되지 않고 오랜 시간 변함없는 사랑으로 녹아들지 않았는가? 회심에 대한 조급함을 버리고 그들이 이해할 수 있는 언어로, 그렇지만 분명하고 명쾌한 논리로 복음을 전할 수 있어야 한다.

여기에 한 가지 더, 반드시 기억해야 할 것이 있다. 전도축제 당일 날 전할 복음의 메시지도 잘 준비해야 하지만 전도축제를 준비하는 과정 중에 청년들과 함께 말씀을 나누는 일도 잊지 말아야 한다. 많은 교회들이 이 사실을 놓친다.

청년들이 모일 수 있는 시간이 많지 않기 때문에 먼저 급한 일, 예를 들면, 데코레이션, 선물 준비, 행사 준비, 찬양 준비 등과 같은 것부터 정리하고 준비하려고 한다. 전도축제는 점점 다가오고 함께 모여 기도할 시간은 더욱 줄어든다. 그러면서도 '우리 청년들은 복음으로 무장된 일꾼들'이라고 생각한다. 하지만 그렇지 않다. 그렇게 생각만 한다고 그들이 건강해지는 법은 없다.

청년들은 복음으로 더욱 무장해야 할 훈련병이다. 주객이 전도되면 똑같은 실수를 반복할 수밖에 없다. 행사를 위해 일하게 해서는 안 된다. 행사를 향해 가는 과정에서 은혜가 있어야 한다. 이 일은 사역자의 몫이다. 사역자가 분명한 목적의식을 놓치지 말아야 공동체가 바르게 성장할 수 있다.

복음을 나눌 준비가 잘 될수록 따뜻함을 준비하는 마음이 즐거워진다. 우리가 나눌 복음이 더욱 선명하게 들리기를 바라는 만큼 복음을 방해할 요소들을 절대로 남겨 놓고 싶지 않기 때문이다. 함께 아이디어를 내고 고민하고 기도한다. 따뜻함을 준비한다는 말은 교회에 들어오는 첫인상부터 안내를 받아 낯선 예배당에 자리를 잡고 앉기까지 초청받은 사람이 만나게 될 사람과 환경이 불편하지 않도록 배려한다는 뜻이다.

사람들이 정말로 보고 싶어 하는 것은 찬양팀의 실력이나 목사님의 언변보다 청년공동체를 이루고 있는 성도들의 진정성이다. 눈빛에서, 표정에서, 말투에서, 태도에서 느껴지는 따뜻함이 최고의 관심사다. 자기 자신이 얼마나 대접받고 있는지를 확인하려 한다는 뜻이 아니다. 오히려 청년들은 낯선 사람이 보여 주는 지나친 환대를 불편하게 여길 수도 있다.

그들이 보려는 것은 성도들이 갖고 있는 내면의 자연스러움과 따뜻함이다. 손님을 대하는 준비된 태도가 아니라 성도들이 서로를 대하는 일상의 태도에 더 관심이 있다는 말이다.

하루아침에 연습으로 만들어지는 미소는 만들기 쉬운 만큼 가치도 꼭 그만큼이다. 하지만 오랜 시간 함께 만들어 온 따뜻한 분위기는 초청 받은 이들의 가슴을 뛰게 하기에 충분할 것이다. 이 따뜻함을 준비한 공동체는 실은 꼭 전도축제가 아니어도 열심히 전도하고 꾸준히 성장할 것이다. 그래서 전도축제만을 위한 따뜻함이 아니라 평소에도 흘러넘치는 따뜻함을 준비하는 것이 부흥을 위한 가장 바르고 빠른 길이 될 것이다.

친구를 데려오고 싶은 매력적인 교회 만들기

교회가 부흥하는 원인은 다양할 수 있으나 교회가 부흥하는 현상은 한 가지다. 새가족이 정착하는 것이다. 친구의 권유로 교회를 찾은 사람, 지나가다가 들른 사람, 부모와의 평화를 위해 떠밀려 온 사람, 애인 때문에 혹은 애인을 만들려고 나온 사람, 교회 쇼핑 중인 사람 등 다양한 사람들이 다양한 이유를 가지고 교회를 찾아온다. 바로 그 사람들이 정착하면 성장하는 것이고 그들이 떠나면 정체되는 것이다. 그렇기 때문에 새가족이 정착하는 이유도 한 가지만으로는 설명할 수 없다.

영감 있는 예배와 찬양이 있어야 하고, 좋은 새가족 정착 프로그램이 있어야 하고, 정성껏 돌보는 리더들이 있어야 한다. 그들이 찾아오는 이유가 다양한 만큼 새가족 정착을 위한 교회의 노력도 다양해야 한다는 것을 잊어서는 안 된다.

새가족들에게 물었다. "우리 교회에 정착하게 된 이유가 무엇인가요?"라는 질문에 사람들의 표정이 밝다. 찬양이 좋다, 목사님이 좋다, 설교가 좋다, 집이 근처다, 회사가 근처다… 등 이런 대답을 하곤 한다. 그런데 이 말을 믿으면 안 된다. 자기들도 정착하게 된 이유가 뭔지를 생각해 본 적이 없다. 물어보니 그때 생각나는 것으로 대답했을 뿐이라고 한다.

이유가 무엇인지 정확하게 규명할 수는 없지만 적어도 우리 교회에서 거부감이 아니라 매력을 느꼈다는 것은 분명하다. 규모와 상관없이 교회는 새가족들에게 매력적이어야 한다. 큰 교회라고 당연히 매력적이라는 법도, 작은 교회니까 매력적이지 않다는 법도 없다. 작은 공동체는 큰 교회가 상상도 못할 일을 기획하면 된다.

크건 작건 매력이 있어야 한다는 사실은 꼭 염두에 두라. 설교도 매력적이어야 하고 예배도, 소그룹도 매력적이어야 한다. 그들이 마음을 열어 우리의 이야기, 하나님의 말씀에 관심을 줄 수 있도록 준비하자는 말이다.

설교가 차지하는 비중이 결코 작지 않다. 설교는 그들이 온전히 이해하고 알아듣지 못한다 해도 최소한 매력을 잃지는 말아야 한다. "설득적으로 공감을 얻어가며 뜨겁게" 전해야 한다. 무엇을 하든지 설득적이어야 하고 새가족의 공감을 얻어야 하며 가슴이 울리도록 뜨겁게 전달되어야 한다는 뜻이다.

예배도 마찬가지다. '새가족을 위한 맞춤 예배'라는 것이 과연 존재할까? 그들이 정말로 보기 원하는 것은 자신들에게 맞춰진 예배 형식이 아니라 기존 성도들의 모습 속에서 무언가를 찾으려는 것이다. 다시 말해 새가족은 예배에 관심이 있기보다 예배드리는 사람에게 관심이 있다. 그러므로 새가족을 위한 예배는 그들에게 맞춰진 예배라기보다는 철저하게 하나님께 집중하여 드리는 온전한 예배이다. 새가족을 위한 예배보다는 새가족이 보고 싶은 예배가 있을 뿐이다.

기존의 성도들이 진실하게, 마음을 다하여 기쁘게 찬양하고, 진지하게 말씀을 듣고, 간절하게 기도하는 것보다 더 매력적인 것은 없다. 이런 예배야말로 새가족에게 성도의 삶을 가르치는 가장 좋은 학교다.

끝으로, 새가족은 헌가족(이해를 돕기 위해 기존의 성도를 이렇게 표현하겠다.)이 데려온다는 것을 잊지 말라. '헌가족에게 자랑스런 교회, 새가족에게 사랑스런 교회'를 꿈꾸라. 헌가족에게 행복한 교회라면 새가족이 정착하는 것은 지극히 당연한 일이 될 것이다.

청년공동체는 어떻게든 성장하는 것이 아니라 건강하게 성장하는 교회가 되어야 한다. 단기간에 이루는 성장은 꼭 그만큼의 속도로 쉽게 무너질 수 있기 때문이다. 그래서 전도하려면 성장보다 건강에 신경을 써야 한다. 새가족을 데리고 오고 싶은 건강하고 매력적인 공동체를 꿈꿔야 한다.

1. 굳이 전도축제가 필요할까?

- 전도축제의 목적은 공동체의 성장이 아니라 복음의 나눔에 있다.
- 전도축제의 효율을 이야기하기보다
  전도의 사명을 확인하는 것이 우선이다.
- 몇 명을 전도했는지, 얼마나 정착했는지가
  전도축제의 성공을 가르는 가늠자가 되어서는 안 된다.
- 전도 축제를 준비하는 과정과 참여를 통해서
  벅찬 감동을 누리는 것이 목적이어야 한다.

2. 분명한 복음이 전해져야 한다.

- '얼마나 많은 사람이 교회를 채우고 있느냐'보다 항상 더욱 중요한 것은
  '모여 있는 사람들이 진정한 의미의 교회인가'라는 질문이다.
- 전도축제는 사람들을 불러 모아 다 함께 즐기는 흥겨운 잔치가 되기보다
  우리가 꿈꾸는 하나님 나라를 보여주는 자리가 되어야 한다.

3. 따뜻함이 있어야 한다.

- 사람들이 정말로 보고 싶어 하는 것은 목사의 탁월한 설교, 찬양팀의
  멋진 연주가 아니라 공동체를 이루고 있는 청년들의 진정성이다.
- 눈빛에서, 표정에서, 말투에서, 태도에서 느껴지는 따뜻함이
  최고의 관심사이다.

4. 친구를 데려오고 싶은 매력적인 교회를 만드는 게 우선이다.

- 전도하라고 명령하는 것보다
  전도하고 싶은 교회를 만드는 것이 더 바른길이다.
- 전도하는 일이 우선이 아니라 공동체를
  건강하고 매력적으로 세우는 것이 우선이다.

CHAPTER. 12

변화를 꿈꾸는 수련회

- 수련회, 참된 목적은 무엇인가?
- 수련회, 어떻게 준비할까?
- 더 좋은 수련회가 되기 위한 두 가지 조건

수련회는 청년공동체가 하나의 체험, 하나의 말씀, 하나의 고백을 가질 수 있는 기회이다. 신앙공동체는 피가 섞여서 가족이 된 것이 아니라 고백이 같아서 가족이 된 것이다. 이스라엘이 홍해를 건너고 시내산에서 하나님의 말씀을 듣게 된 것도 같은 관점에서 가족공동체가 된 사건이다. 그렇게 믿음의 사람들은 혈연보다 공동의 경험과 고백을 중시하였다. 수련회는 그런 의미에서 공동체성을 세우고 강화하는 가장 좋은 기회가 된다.

수련회는 다른 어떤 행사보다도 밀도 있게 청년들의 신앙을 양육할 수 있는 시간이다. 1년에 52주를 한 번도 빠지지 않고 1시간 예배를 드리는 것과 40-60시간 동안 모든 구성원들이 같은 공간에서 함께 말씀을 듣고, 함께 찬양하고, 마음을 모아 기도하는 것을 비교한다면 그 무게가 새삼 크게 느껴진다. 단기선교도 같은 맥락으로 이해할 수 있지만 소수의 참여와 다수의 참여라는 차별성이 있다. 이것은 적당히 준비할 수 없는 이유가 된다.

▶ 수련회, 참된 목적은 무엇인가?

수련회를 하는 목적은 '변화'되기 위함이다. 열정적으로 찬양하고,

길게 말씀을 듣고, 부르짖어 기도하는 것 자체가 수련회의 목적이 아니다. 수련회는 교회에서 풀어낼 수 없었던 젊음을 표출하는 장이 아니다. 그것이 공동의 경험이 될 수는 있지만 목적이 되어서는 안 된다. 수련회의 목적은 그것을 통해 '변화'를 경험하기 위함이다. 우리는 변화 받기 원하여 시간을 구별하여 수련회라는 행사를 진행하는 것이다. 성령님의 도우심을 구하고, 일상에서 잠시 벗어나 하나님께만 집중하는 이유도 그 은혜를 힘입어 변화 받기 위함임을 잊지 말아야 한다. 사역자뿐만 아니라 함께 참여하는 청년들에게도 반드시 기억하게 해야 할 명제이다.

그래서 수련회는 공동체적 변화의 모멘텀이 되는 시간이라고도 할 수 있다. 수련회를 통해 참된 의미의 부흥이 일어나는 경우도 있고, 주저앉는 경우도 있다. 여름이니까 당연히 수련회를 해야 한다고 생각한다면 하지 않는 것이 낫다. 수련회는 모두가 은혜를 경험하는 자리가 될 수도 있지만 모두가 실망하고 기대감을 잃는 시간이 될 수 있기 때문이다. 하나님의 일을 다시 살아나게 하는 '부흥'이 목적이 될 때 지속가능한 공동체적 변화가 나타날 것이다.

▶ 수련회, 어떻게 준비할까?

할 수 있는 것을 기획하라

하고 싶은 일, 해야 하는 일이라 할지라도 '잘할 수 없는 것'에는 미련을 두지 말아야 한다. 내가 속한 공동체가 가장 잘 소화해 낼 수 있는 수련회를 기획하는 것이 중요하다. 사람들은 수준에 놀라고 감동한다. 무엇을 했느냐보다 얼마나 잘 했느냐에 더 관심이 있다는 뜻이다. 음악을 예로 들면, 무조건 랩을 한다고 청년들이 좋아하는 것이 아니다. 랩을 잘해야 좋아한다. 수련회의 행사 기획은 무엇을 할 것인가보다 우리가 가장 잘 할 수 있는 일들을 찾고 그것에 힘을 쏟는 것에서 시작해야 한다.

수련회를 준비하면서 많은 사역자들이 놓치는 부분이 있다. 함께 기획하고, 준비하는 스텝들을 돌보지 않는 것이다. 수련회에 참석한 사람들의 좋은 평가를 받으려고 애쓰다가 가까이에서 땀 흘리는 스텝들을 힘들게 했다면 거의 모든 것을 잃은 것이다. 가까이에 있는 이들이 가장 중요한 '평가자'임을 잊지 말아야 한다. 그들이 기뻐하고 만족스럽다면 거의 모든 것을 얻은 것이다. 그들과 또 다른 사역도 함께 할 자격을 얻은 것이기 때문이다.

공동체의 규모에 따라 가장 잘 할 수 있는 일들은 다르다. 대부분의 청년공동체는 30명 미만이다. 작은 공동체가 수백 명이 모이는 교회의 근사한 행사를 따라가는 것은 오히려 박탈감과 패배감을 느끼게 할지도 모른다. 같은 행사인데 다른 경험이 될 때 청년들은 불편함을 호소할 것이 분명하다.

작은 공동체만이 도전할 수 있는 특별한 친밀감을 누려라. 30-80명의 청년공동체라면 각 공동체마다 특화된 장점이 있을 것이다. 그것을 부각시키고 그 경험으로 모두를 묶어 내는 행사를 기획하라.

기도회에 집중하라

모든 것을 준비한 후에 기도하지 말고 준비하기 전에 기도해야 한다. 대표로 준비 기도를 짧게 하고 일하는 경우는 그나마 괜찮은 경우이다. 대개는 일단 준비하고 수련회 가기 전날 모여 준비 기도회를 하는 경우도 있고, 심지어 아무런 기도 준비 없이 수련회를 떠나는 일도 빈번하다.

하지만 수련회는 그렇게 준비할 수 있는 행사가 아니다. 모든 청년들이 시간을 구별하여 집중적으로 신앙 훈련하고 하나의 체험, 하나의 말씀으로 연합하는 시간이기에 하나님의 은혜가 부어지기를 소망하는 자리다.

기도하는 과정이 결국 수련회다. 함께 기도하면서 수련회의 의미와 목적을 다 함께 기억하고 그것을 위해 마음을 모을 수 있다. 공동의 기도가 선명해지는 만큼 수련회 준비는 순항하게 될 것이다. 수련회를 위한 40일 기도회로 모일 수도 있고, 2주간의 특별기도회를 준비할 수도 있다.

전자는 준비하는 실제 스텝들이 대상이 된다면 후자는 전체 구성원들의 참여를 독려하는 형식이 될 것이다. 교회의 상황에 따라 결정하면 된다.

단, 반드시 기억해야 할 것은 기도회를 잘 준비해야 한다는 것이다. 기도회를 하는 것 자체가 의미 있는 것이 아니다. 기도회는 잘 해야 한다. 모이는 이들이 날마다 모이기를 기뻐할 수 있도록 기도회를 인도하는 사역자는 마음을 쏟아야 한다.

함께 기도할 기도 제목을 준비하는 일이 무엇보다 중요하다. 기도할 제목이 분명하고 힘이 있어야 청년들은 기도한다. 사역자가 가장 잘해야 하는 일 중의 하나가 기도회 인도다. 함께 기도하는 시간을 통해 수련회에 대한 기대와 동기가 부여될 것이다.

> **청년사역 가이드** (tip)
>
> **기도회 진행의 예**
>
> 1) 수련회 전 21일, 혹은 40일 동안 기도회를 실시한다.
> 2) 요일마다 기도회 담당자를 세워서 준비하고 인도하게 한다.
> 3) 4-5곡의 찬양과 기도회의 목적에 맞는 기도 제목들을 나눈다.
> 4) 가장 많은 시간과 노력을 기도 제목을 준비하는 것에 투자한다.
> 5) 말씀을 통해 동기 부여와 헌신의 요청이 일어나야 한다.

수련회 진행에 필요한 인력을 배치하라

수련회 준비에 필요한 목록을 우선적으로 완성하고 책임자를 배치해야 한다. 청년들은 자신에게 맡겨진 역할이 분명하고 준비할 수 있는 적절한 시간이 마련되어 있다고 느낄 때 적극적으로 참여하게 된다. 자신이 무엇을 챙겨야 하고 준비해야 하는지 구체적으로 설명해 주는 것은 전체 수련회 기획자의 몫이다.

위임하고 책임질 수 있도록 정확하게 설명해 주어야 한다. 식사 준비를 맡겼다면 반찬이 무엇이 나오든지 지나치게 간섭하면 안 된다. 담당자가 책임 있게 일할 수 있도록 기회를 주어야 한다.

가장 중요한 것은 동기부여임을 잊지 말라

교회는 강제 집단이 아니라 자발 집단이다. 그래서 회사와 다르다. 돈을 주고 이익을 위해 일하는 회사 조직과 자발적으로 헌신하는 교회 조직은 그 운영 방식이 같을 수 없다. 회사는 월급이라는 것이 있어서 명령할 수 있지만 교회는 봉사하고 섬기는 공동체이기 때문에 자발적인 헌신을 도모해야 한다. 이 개념이 분명하지 않으면 서로 상처를 받는다. 기대하는 바가 다르기 때문이다.

책임을 맡은 사람들이 최선의 결과를 맺게 하려면 그들의 자발성이 칭찬받고 헌신이 격려받는 분위기를 만들어야 한다. 이것이 사역자와 공동체가 행사를 위해 자발적으로 헌신하는 이들에게 가져야 할 가장 기본적인 태도다. 그들이 즐겁고 행복하게 사역할 수 있도록 도와주는 것이야말로 가장 교회다운 가치이다.

'의무'를 강조하면 지치지만 '의미'를 강조하면 헌신한다. 수련회에 참석하는 것은 모든 성도의 의무가 아니라 오히려 그들의 자유다. 이것이 교회다.

청년들이 수련회에 모두 참석하기를 바란다면 보다 많은 청년들의 마음이 움직일 수 있도록 정성껏 동기를 부여하는 방법을 찾는 것이 정공법이다. 이 일이 쉽지 않기 때문에 명령도 하고, 요구도 하고, 심지어 조르기도 한다. 애써 행사를 준비한 스텝들이 또다시 청년들을 동원하기 위해 굽실대는 형국이 벌어지기도 한다.

행사를 준비하는 스텝들에게도 동일하게 적용된다. 그들을 일하게 하는 힘은 책임을 추궁하는 사역자의 잔소리가 아니다. 일을 맡겨 놓고 정말로 신경 써야 할 부분이 있다면 책임자가 더욱 일을 즐겁게 할 수 있도록 의미를 부여해 주는 일이다.

수련회를 준비하는 과정에서 가장 보람된 순간은 많은 청년이 참여한다는 소식을 들을 때이다. 그런데 참 신기한 것은 그 소식에 더 기뻐하는 이들이 청년들이라는 것이다. 가장 강력한 동기부여는 모이는 것이다. 갈 수 있는 최고 인원이 참석한 수련회가 가장 좋은 수련회가 될 가능성이 높다. 수련회는 그렇게 공동체성을 확인하는 자리이기 때문이다.

그래서 수련회 일정을 면밀하게 검토하여 가장 많은 이들이 참석할 수 있는 시간으로 정하는 것이 좋다. 예전에는 3박 4일 수련회가 추세였다면 최근에는 휴일을 끼거나 주일을 포함해서 1박 2일 혹은 2박 3일로 진행하는 것이 대세이다.

청년이라는 이름으로 묶이는 대상이 공부하는 학생이 아니라 회사에 다니는 미혼의 청년들에게까지 확장되었기 때문에 그들을 배려하는 것이다. 동기부여에 성공한다면 이미 수련회는 성공적이라 느껴질 것이다. 청년공동체는 행사를 통해 성장하지 않는다. 행사를 준비하며 부흥하는 것이다.

홍보로 기대감을 갖게 하라

만약 당신이 동기부여의 가치에 대해 이해했다면 홍보의 중요성에도 동의한 것이나 다름없다. 청년들은 신선하고 유쾌한 컨셉에 관심을 갖는다.

청년들의 손안에 스마트폰이 쥐어지면서 나타난 가장 큰 변화 가운데 하나라고 하면 짧고 단순하고 강하고 신선한 광고에 익숙해졌다는 것이다.

어설프고 진부한 선동 문구는 오히려 기대감을 떨어뜨린다. 행사의 수준은 홍보의 수준과 무관하지 않다. 어느 유명 디자이너는 "어떤 행사든 홍보에서 승부가 난다"고 주장하기도 한다. 과격한 면이 있지만 억지스러운 주장은 아니라 여겨진다.

교회의 행사는 대부분 매년 반복적으로 이뤄진다. 기대감이 생기기 어려운 상황이다. 그래서 더욱 홍보가 중요해졌다. 교회 행사가 더 이상 예전처럼 기다려지는 이벤트가 아니기 때문이다.

행사를 준비하는 사람들이 자부심을 갖도록 디자인해야 한다. 그래서 홍보는 누구보다 청년공동체를 사랑하는 사람이 맡아야 한다. 사랑하는 만큼 시간과 정성을 들이기 때문이다. 사랑이 있는 사람은 최선을 다해 고민하며 일하기 때문이다.

즐겁고 유쾌한 아이디어에 청년들이 서로 웃으며 이야기할 거리를 제공하는 것이 가장 좋은 홍보이다. 청년들 모두를 홍보 요원으로 만드는 일에 성공한다면 더 이상 인원 동원의 노역은 필요 없다.

> 청년사역 가이드 tip

사용할 수 있는 홍보 수단

1. 예배 광고
짧고 신선한 방식의 동영상을 준비한다. 좋은 작품을 준비할수록 광고하는 사람들의 모습도 즐겁고 활력 있어진다. 실은 그 자신감에 청년들의 마음은 움직인다.

2. 소셜미디어
동영상이나 포스터를 공유한다. 고로 자신의 소셜미디어에 공유하기에 부끄럽지 않은 홍보물이어야 한다.

3. 각종 현수막 및 포스터
엑스배너나 현수막 등을 적당한 자리에 배치하여 홍보한다.

4. 초대장 및 신청서
명함처럼 만들거나, 스티커로 제작하여 쉽고 즐겁게 참여 의사를 밝힐 수 있도록 돕는다.

동선에 신경 써야 한다

수련회를 진행하며 가장 신경 써야 할 부분이 있다면 청년들의 동선이다. 다시 말하면 행사에 참여한 사람들이 낯선 환경에서 어색해

하거나 당황하지 않도록 배려하는 일이다. 진행부의 편의나 능력에 맞추지 말고 참여자의 필요에 반응해야 한다. 수련회는 진행자들뿐만 아니라 참가한 이들도 주의가 분산되고 집중이 어려운 환경일 경우가 많다. 매끄러운 진행을 위해서 동선을 치밀하게 계획하고 준비해야 한다.

동선을 준비한다는 것은 사람들의 움직임을 뜻하기도 하고 사람들의 생각의 흐름을 말하기도 한다. 예를 들어, 집회를 준비함에 있어서 예배드릴 공간을 깨끗하게 정리하고 청년들이 앉을 자리에 미리 방석을 놓아 준비해 놓으면 예배에 참여하는 청년들의 자세와 태도, 생각과 마음이 흐트러지지 않을 수 있다.

특강이 끝나고 공동체 훈련을 시작한다고 하면 그사이에 청년들 중에서 미리 특송자를 준비하여 찬양하는 것도 긴장감을 유지하는 좋은 도구가 되기도 한다. 청년들이 가장 행복하고 유익한 수련회를 가졌다고 느낄 수 있도록 세심하게 배려하는 것이 동선을 준비하는 목적이다.

표정으로 서로를 도와주라

수련회는 준비한 행사를 모두 소화하기 위해 마련한 것이 아니다. 교회가 함께 모이기 위해 준비한 공동의 공간이다. 때로 행사가 잘 진행되지 않을 수도 있다. 괜찮다. 함께 웃을 수 있고, 함께 배려할 수 있다면 조금 못해도 문제가 될 것 없다. 행사의 성패는 준비한 사역자와 스텝들의 표정에서 결정된다. 청년들은 행사의 내용보다 준비하는 이들의 표정에 관심이 많다.

교회에 처음 나오는 이들에게 물었다. "무엇에 가장 감동받았나요?" 사람들의 표정과 눈빛이라고 말했다. 설교에 감동하는 몇 사람이 있고, 찬양을 즐거워하는 여러 사람이 있지만 신앙생활을 결정하는 가장 중요한 요인은 놀랍게도 성도들이 예배드리는, 말씀을 듣는, 찬양하는, 기도하는 태도와 표정이었다.

함께 일하는 이들이 서로를 표정으로 도울 수 있는 마음이 준비되어야 한다. 표정으로 돕는다는 것은 미소를 연습하는 일이 아니다. 표정은 마음이 드러나는 통로가 된다. 하나님은 우리를 창조하실 때 수십 개의 얼굴 근육을 가장 세심하게 만드셨다.

그 얼굴 근육의 복잡한 조합이 만들어 내는 마음의 표현이 표정이다. 표정으로 돕는다는 것은 마음으로 서로를 지켜준다는 의미이기도 하다. 괜찮다고 위로하고 잘했다고 칭찬하고 멋있다고 감탄하는 표정으로 서로를 도와주는 일이 행사 중에 서로를 사랑하는 가장 좋은 방법이다.

결코 포기하지 말라

일을 계획하는 사람은 많지만 일을 마무리할 줄 아는 사람은 드물다. 하고 싶은 마음을 갖기는 쉽지는 결과를 만들어 내는 일은 힘들다. 모든 일은 계획할 때가 아니라 마무리할 때 가장 큰 힘이 든다는 사실을 기억해야 한다. 며칠 간의 수련회를 진행하다 보면 어떻게든 그냥 넘기고 싶은 마음이 몰려올 때가 있다. 이럴 때는 기도하라. 절대로 포기하지 말라. 잠깐의 유혹이 오랜 후회를 낳게 하지 말라.

우리가 강요하지 않겠다는 원칙을 세운다면 동시에 탁월하게 마무리 해야 한다는 의무를 선택하는 것이다. 어느 정도 준비하고, 어느 정도 성취한 것에 만족하기보다 힘에 부치게 노력하고 끝까지 애쓸 때 사역자도, 공동체도 성장할 것이다.

▶ 더 좋은 수련회가 되기 위한 두 가지 조건

재미와 은혜의 균형이 있어야 한다

가장 좋은 행사는 균형 잡힌 행사이다. 균형 잡혔다는 것이 주관적인 기준이 될 때가 많기 때문에 균형 잡힌 수련회는 이것이라고 보여줄 수 있는 예는 존재하지 않는다. 하지만 어떻게 균형을 갖추어야 하는지에 대한 질문을 갖는 것 자체가 해법이다. 그 질문을 갖고 있는 사람과 그렇지 못한 사람은 전혀 다르다. 조금 치우칠 수는 있지만 매몰되지는 않을 것이다.

수련회는 비장함이 있어야 한다. 하나님께서 우리에게 베푸신 은혜에 대한 깊은 공감이 있어야 하고 말씀에 자신을 비추어 심연으로 들어가게 하는 진지함이 있어야 한다. 이것이 신앙공동체가 함께 모여 집중적으로 훈련하는 목적이기도 하다. 하나님 나라를 위해 헌신하겠다는 결연함이 있어야 하고, 함께 힘을 모아 동행하는 친구들과의 연합에는 젊음이 갖고 있는 비장함이라는 옷이 입혀져야 한다. 가볍게 헌신하고 결단을 소홀히 여기는 분위기는 용납될 수 없다.

그렇다고 유쾌함을 놓쳐서는 안 된다. 유쾌함과 비장함은 서로 반대되는 것 같지만 실은 서로를 빛나게 해 주는 가치다. 청년들이 모인 곳에 웃음이 그친다면 비극이다. 함께 말씀을 나누는 것이 즐겁고, 사랑하는 주님을 찬양하는 것이 행복하지 않을 수 없다. 집회에서 다짐한 비장한 결단은 교제 시간에 나누는 유쾌함이 있어야 더욱 도드라진다.

유쾌함도 마찬가지다. 그저 즐겁기만 한 수련회는 기억에 남지 않는다. 유쾌함을 지키려면 반드시 비장함을 채워야 한다. 이 균형이 중요하며 균형에 대한 관심도 중요하다.

새로운 문화를 경험시켜 주어야 한다

청년사역은 무엇을 하느냐(what to do)의 문제가 아니라 어떻게 하느냐(how to do)의 문제다. 현대적인 밴드를 갖춘 찬양이 있는 곳이 청년사역의 현장이라고 정의할 수 없다. 단순화되고 자유로운 예배의 형식을 통칭하여 청년 예배라고 말할 수도 없다. 마찬가지로, 함께 이야기를 나누고 큐티를 나누는 자리라고 해서 무조건 청년을 위한 소그룹 모임이라 단정 지을 수 없다.

단순히 형식을 갖추지 못해서 청년들이 모이지 않는 것이 아니다. 반대로 형식을 갖춘다고 사역이 자동적으로 이루어지는 법도 없다.

각 공동체에 맡겨주신 청년들의 영적인 필요를 정확히 진단하고 그들의 신앙 성장을 위해 어떻게 만들어 가느냐가 가장 중요한 문제이다.

청년들은 대개 자신들이 무엇을 참으로 원하는지 정확히 알지 못한다. 아직 경험이 부족하고 시야가 좁을 수밖에 없기 때문이다. 우리는 무엇을 원한다고 말하는 경우도 있지만, 실은 그 말을 정확히 통역하자면 "우리는 영적으로 목마르다"는 뜻이다. 채워지지 않는 것이 있다는 의미이기도 하다.

아이폰을 만들던 스티브 잡스가 유명한 말을 남겼다. "사람들은 자신들이 무엇을 원하는지 아직은 알지 못한다. 그러나 그들이 이것을 손에 들었을 때 이렇게 외칠 것이다. '이것이 바로 내가 원하던 것이야!'라고 말이다" 우리가 청년사역을 하면서 주목해야 할 부분도 이것이다. 그들의 문화와 그들이 경험한 세계를 이해하고 그들이 아직 정의할 수는 없지만 그들에게 가장 필요한 것을 먼저 보여 주어야 한다.

수련회는 청년들에게 새로운 문화를 경험시켜 주어야 하는 것이 사역자의 사명 중의 하나다. 혼탁한 가치관이 만든 문화에 익숙해진 청년들에게 하나님이 원하시는 문화를 경험하게 하는 것이다. 자기를 위해 다른 이의 아픔은 가볍게 여기는 문화의 옷을 벗고, 서로를 위해 자신을 내어 주는 예수님의 길을 따르는 새로운 문화의 옷을 입혀주는 일이다.

무엇이 옳은 일인가 진지하게 고민하고 나누는 문화, 서로를 행복하게 해 주기 위해 힘쓰는 문화, 하나님 앞에서 작은 자로 겸손해지는 문화를 맛보는 자리가 될 수 있도록 관심을 가져야 한다.

청년사역 가이드 tip

수련회를 준비하는 다양한 접근의 예

1. 연합 수련회

교회와 교회가 연합하는 것도 가능하다. 서로 비슷한 형편과 규모의 공동체가 힘을 모을 때 기대 이상의 시너지가 나타나기도 한다. 혹은 대규모 집회에 참여하는 것도 독자적인 수련회를 준비하기 어려운 교회가 선택할 수 있는 방법이기도 하다. 하지만 작더라도 수련회로 모여야 하는 이유를 생각한다면 그 교회만의 방법과 형태를 구상해 보는 것이 더욱 좋다.

2. 자체 수련회

소규모의 공동체여도 구성해 볼 만한 형식이 있다. 담당 사역자와 함께 떠나는 성경공부 수련회는 큰 교회는 경험할 수 없는 친밀감과 깊은 나눔을 경험하게 할 것이다. 함께 국내 여행을 떠나는 것도 좋다. 소규모이기 때문에 보다 자유롭게 이동할 수 있다는 장점이 있다. 매년 떠날 여행지를 함께 정하고 프로그램을 구성해 보는 것을 어떨까? 테마를 갖고 매년 변화무쌍한 모임을 기획할 수도 있다. 그러고 보니 작은 공동체가 도전할 수 있는 수련회가 더 많다.

대형 집회 같은 형식이라야 꼭 수련회가 아니다. 공동의 경험, 하나의 말씀과 은혜를 나누는 자리가 수련회다.

1. 왜 수련회를 해야 하나?

- 하나의 경험, 하나의 말씀으로 연대하는 자리가 필요하다.
- 수련회는 며칠 동안 함께 생활하며 밀도 있게 신앙 훈련을 할 수 있는 기회가 되기도 한다.
- 함께 모여 서로에게 도전받으며 공동체적 변화를 경험할 수 있는 장이 되게 하라.

2. 동원하지 말고 동기를 부여하라.

- 수련회에 참석하는 일은 강하게 권면할 수는 있지만 강제로 요구할 수 있는 것은 아니다.
- 가장 중요한 것은 동기부여를 하는 것이다.
- '의무'를 강조하다 보면 지치지만 '의미'를 강조하면 헌신하기 시작한다.

3. 표정으로 서로를 도와주라.

- 수련회는 공동체가 하나 되고 신앙적으로 성장하기 위해 구별한 시간이기에 계획대로 진행되지 않아도 괜찮다.
- 청년들은 행사의 내용보다 준비하는 이들의 표정에 더 관심이 많다.
- 괜찮다고 위로하고, 잘했다고 칭찬하는 표정으로 서로를 도와주는 것이 행사 중에 서로를 사랑하는 가장 좋은 방법이다.
- 무엇보다 중요한 것은 서로가 마음으로 연합하는 것이다.

4. 재미와 은혜의 균형이 있어야 한다.

- 수련회는 말씀에 자신을 비추어 심연으로 들어가게 하는 진지함과 비장함이 있어야 한다.
- 집회에서 다짐한 결단은 교제 시간에 나누는 유쾌함이 있어야 더욱 도드라진다.
- 비장함과 유쾌함이 균형을 이루어야 하며, 화려함과 소박함은 항상 공존해야 한다.

CHAPTER. 13

하나님 나라를 경험하는 단기선교

- '단기선교'란 무엇인가?
- 단기선교에서 꼭 기억해야 할 것
- 단기선교에는 어떤 유익이 있을까?
- 단기선교, 어떻게 진행해야 할까?
- 단기선교의 준비 및 훈련 내용
- 단기선교지에서의 실행 과정
- 단기선교의 후속 과정

우리는 예수님을 주님(Lord)이라고 고백하는 사람들이다. 이 말은 예수님이 우리의 주인이 되신다는 것과, 우리는 예수님의 종이라는 고백이다. 종은 결코 자기 마음대로 생각하지 않는다. 종은 절대로 자기 뜻대로 행동하지 않는다. 종은 주인의 말과 주인의 뜻이 무엇인지를 분별하고, 오직 그 주인의 명을 그대로 수행하는 사람이다.

우리의 주인 되시는 예수님께서는 십자가에서 우리를 위해 죽으셨다. 그리고 사흘 만에 부활하셨다. 이후 40일 동안 이 땅에 계시면서 하나님 나라의 일을 말씀하시다가 승천하셨다.

그런데 주님께서는 승천하시기 직전에, 즉 이 땅에 계신 마지막 순간에 매우 의미 있는 말씀을 남기셨다. 그 말씀을 마태복음은 이렇게 기록하고 있다.

"그러므로 너희는 가서 모든 민족을 제자로 삼아 아버지와 아들과 성령의 이름으로 세례를 베풀고 내가 너희에게 분부한 모든 것을 가르쳐 지키게 하라 볼지어다 내가 세상 끝날까지 너희와 항상 함께 있으리라"(마 28:19-20).

이 말씀은 가장 중요한 시기에, 가장 특별한 의미를 담아 마지막으로 남기신 예수님의 말씀이다. 그러면 이 말씀의 구체적인 내용은 무엇인가? 그것은 바로 복음을 전하라는 것이었다. 가서 모든 민족을 제자 삼고 전도하라는 명령, 즉 선교에 대한 명령이었다.

이 선교 명령은 모든 그리스도인에게 주어진 명령이다. 이 선교 명령은 이 땅의 모든 교회 공동체가 수행해야 할 주님의 최후 명령이다. 그래서 우리는 이 명령을 지상명령 혹은 대사명(The Great commission)이라고 부른다. 우리는 이 지상명령 때문에 선교를 한다. 물론 선교의 영역은 매우 다양하다. 하지만 전문적인 선교 단체가 아닌 평범한 지역 교회의 청년공동체의 입장에서 선교의 명령을 실천할 수 있는 대표적인 영역인 단기선교에 초점을 맞춰 살펴보도록 하겠다.

▶ '단기선교'란 무엇인가?

단기선교란 글자 그대로 짧은 기간 즉, 단기(短期)로 선교하는 것을 말한다. 현재는 선교학자마다, 선교단체마다, 지역교회마다 이 단기선교라는 용어를 기간과 목적에 따라 여러 가지 형태로 사용하고 있기에 단기선교라는 용어의 객관화되고 표준화된 정의는 사실 없다.

다만, 단기선교에는 단기 선교여행(short-term mission trip)적인 모습과, 단기 선교훈련(short-term mission training)적인 모습과, 단기 선교사역(short-term mission ministry)적인 모습이 다양하게 존재한다고 볼 수 있다.

한국교회에서 실시하고 있는 대부분 단기선교는 보통 1주에서 열흘, 길어야 2주 정도의 기간 동안 진행된다. 그리고 짧은 기간을 가지만 현지에서 장기적으로 머물고 있는 선교사와 협의를 해서 구체적인 업무와 사역 등을 준비해서 간다.

따라서 오늘날 대부분의 한국교회에서 실시하고 있는 단기선교는 기간으로 치면 '단기선교여행'에 해당하고, 사역의 성격으로 치면 '단기선교훈련'에 가까운 형태라고 할 수 있다.

단기선교, 역풍을 맞다?

최근 한국교회에서는 많은 수의 교회가 단기선교를 실시하고 있다. 선교사 파송 2위국이라는 자부심과 선교에 대한 관심이 날로 높아지면서 대형 교회는 물론, 웬만한 규모의 교회들도 단기선교를 계획하고 실시한다.

그리고 대부분 지역교회의 단기선교는 주로 7-8월에 집중되어 이루어진다. 아마도 그것은 단기선교에 참가하는 이들의 상당수가 청년들이기 때문이며, 각 교회의 여름 사역의 연장선에서 단기선교가 다루어지기 때문일 것이다. 그런데 적지 않은 교회에서는 단기선교를 실시한 뒤, 오히려 역풍을 맞았다는 이야기가 들린다.

그렇다. 사실 단기선교는 잘 준비하고 떠나야 한다. 제대로 준비되지 못한 단기선교는 오히려 부정적인 영향을 가져올 소지가 다분히 많다. 왜 그럴까? 우선 단기선교는 많은 재정이 투자되는 사역이다. 가까운 나라로 가더라도 1인당 100만 원 이상의 재정이 소요된다. 재정을 100% 자비량으로 감당하든지, 어느 정도 교회에서 지원을 하든지 이 재정은 결코 적은 돈이 아니다. 또 단기선교는 많은 시간이 투자되는 사역이다. 물론 훈련다운 훈련을 제대로 안 하고 대충 떠난다면 모를까 제대로 준비를 하자면 적어도 출발 12주 전부터는 주 1회 이상의 시간을 정기적으로 준비 과정에 투자해야 한다.

출발 날짜가 임박해 올수록 모여야 하는 횟수가 많아지게 되어 있다. 3개월 이상의 시간을 올인 해야만 하는 사역이 바로 단기선교다.

그러므로 엄청난 재정과 엄청난 시간을 투자한 단기선교는 참가자들에게 투자에 부합하는 의미를 제공해야 한다. 만약 그렇지 못하면 당연히 그 단기선교는 개인에게도, 공동체에게도 어려움으로 남을 수밖에 없다. 특히 단기선교의 주 대상이라고 할 수 있는 청년들은 '의미에 죽고 의미에 사는 사람들'임을 기억해야 한다. 이러한 청년들에게는 더더욱 단기선교의 참된 의미가 머리와 가슴으로 전해져야 한다. 그렇지 않으면 역풍을 맞게 되는 것이다.

▶ 단기선교에서 꼭 기억해야 할 것

선교에 대한 철학이 있어야 한다

단기선교를 떠나는 이들이 꼭 놓치지 말아야 할 것 중의 하나는 '선교에 대한 철학'이다. 이것은 단기선교의 '방향성'이기 때문이다. 이것은 단기선교를 이끌어 가는 지도자에게도, 단기선교에 참여하는 구성원들에게도 필수적으로 있어야 할 '가치'이기 때문이다. 그래서 사실 이것은 방법론보다 훨씬 더 중요하다.

왜냐하면 이 부분이 제대로 정립되지 않은 채 단기선교를 실시할 경우 단기선교에 참가하는 이들은 물론, 그들을 파송하는 지역교회도, 그들을 맞아서 함께 사역할 장기선교사에게도, 그들이 만나게 될 선교지 사람들에게도 긍정적인 유익과 의미를 주기는 힘들다. 오히려 돌이킬 수 없는 커다란 내상을 입힐 수 있는 위험적 요소가 단기선교에는 많이 존재한다.

헬퍼신드롬(Helper syndrome)을 버리라

'헬퍼신드롬'이란 말을 들어본 적 있는가? 이 말은 독일의 선교 신학자인 테오 순더마이어(Theo Sundermeier)가 사용한 용어이다. 테오 순더마이어는 선교학자 이전에 그 자신이 제3세계에서 선교 사역을 했던 선교사였다. 그런데 그는 자신의 선교 사역을 돌아보면서 "도움만을 주려고 하는 병, 즉 헬퍼신드롬(Helper syndrome)에 걸린 선교사"였다고 고백한다.

물론 선교는 우리가 알고 있고, 가지고 있는 복음과 떡을 나눠 주는 것을 포함하는 것이 사실이다. 그러나 만약 선교를 단순히 "주는 것"으로만 규정한다면 선교는 자칫 일방적 선교로 치우칠 가능성이 커진다. 그리고 이러한 방식의 선교 철학을 가지고 있을 경우에 선교 참가자들은 자연스럽게 다음과 같이 생각하고 행동하게 될 것이다.

"우리는 주는 사람, 너희는 받는 사람"

"우리는 우월한 존재, 너희는 미개한 존재"

"우리는 높고, 너희는 낮고"

"그러니까 우리는 가르치고 너희는 배우고"

그런데 정말로 그럴까? 아니다. 그렇지 않다. 사실 역사적으로 보면 20세기 초반까지 이러한 방식의 선교가 이루어졌다. 특히 이때 선교는 서구의 팽창주의, 서구의 식민지주의와 함께 펼쳐졌고, 식민지주의가 끝나면서 이러한 선교에 대한 평가는 오히려 부정적 요소가 훨씬 많았음을 반성하게 되었다.

콘비밴쯔(Konvivenz) 선교를 지향하라

그러면서 다시 주목하게 된 선교의 모델이 바로 예수의 성육신적 모델이다. 예수님은 이 땅에 육신을 입고 오셨다. 그리고 인간들과 함께 거하셨다. 늘 함께 먹고, 자고, 가치를 나누고, 삶을 공유하면서 우리에게 하나님의 나라를 가르쳐 주셨다. 예수님 입장에서 볼 때 인간은 연약함 투성이고, 하나님 나라에 비추어 부족함이 너무 많은 존재였지만 예수님은 공생애의 처음부터 마지막까지 제자들과 더불어 함께 거하시면서 사역을 하셨다.

테오 순더마이어는 이러한 예수의 성육신적 선교를 "함께 나눌 축제를 목표로 하는 선교" 즉 "콘비밴쯔 선교"라고 규정한다. 콘비밴쯔

란 말은 아프리카 원주민들의 용어로 "함께 나누는 축제"란 뜻이다. 아프리카 원주민들은 축제 중심의 삶 속에서 그들이 이웃과 함께 어우러지면서 그들의 삶의 문제를 해결하고, 또 서로 힘을 얻는다는 것을 깨달았다. 선교는 이러한 축제에 모든 이웃 사람을 초대하는 것과 같이 하나님의 잔치에 사람을 초대하는 것이라는 개념이다. 그러니까 콘비밴쯔 선교는 복음을 전하는 자와 받는 자가 함께 배우며 함께 나누고 결국은 함께 축제하는 것이 목표가 되는 선교다.

그러므로 이 콘비밴쯔 선교는 "일방적인 선교"가 아니라 "함께하는 선교"다. "누구는 주고 누구는 받는" 선교가 아니라 "더불어 나누는" 선교다. 콘비밴쯔 선교는 예수의 성육신적 선교다. 단기선교 역시 이와 같은 콘비밴쯔 선교가 되어야 한다. 단기선교의 참가자들은 현지인들을 존중히 여겨야 한다. 상하의 관계가 아닌 수평의 관계에서 그들과 먼저 친구가 되어야 한다. 함께 마음을 나누고 하나 되는 관계 속에서 자연스럽게 복음과 사랑이 나눠지는 단기선교가 되어야 한다. 그럴 때 단기선교에 참가한 이들도, 현지인들도, 선교사들도 모두 행복하고 의미 있는 단기선교가 될 수 있을 것이다.

▶ 단기선교에는 어떤 유익이 있을까?

선교의 현장을 직접 방문하면서 섬기는 단기선교는 여러 가지 면에서 매우 유익하다. 사실 교회에서 선교사를 파송하고 기도 편지를 통해서 전해 듣는 현장은 때때로 실감이 나지 않을 때가 많다. 그러나 잘 준비된 단기선교는 참가자들뿐만 아니라 단기선교를 실시하는 교회에도, 단기선교팀을 맞이하는 선교사에게도, 그리고 단기선교팀이 만나게 되는 선교지의 현지인들에게도 매우 유익하다.

참가자의 유익

우선 단기선교에 참가하는 이들은 단기선교의 전 과정에 참여함을 통해서 영적 성장을 기대할 수 있다. 준비 과정을 통해, 현지에서의 경험을 통해 참가자들은 영적으로 성장하게 된다. 특히 단기선교 참가자들은 타민족과 세계 열방을 향한 하나님의 역사 하심에 참여하게 되면서 자연스럽게 세계를 품은 그리스도인으로 변화될 수 있다. 그저 나만 쳐다보며 살아가던 이기적인 신앙인에서 나를 넘어서는 신앙인, 세계를 바라보는 이타적인 신앙인으로의 변화가 단기선교를 통해 만들어지는 것이다. 그래서일까. 단기선교 참가자들에게는 가치관이 바뀌거나 진로가 수정되는 일이 자주 일어난다.

단기선교를 통해 비전과 시야가 넓어질 수 있다는 것 역시 매우 소중한 단기선교의 유익이다. 또한 단기선교는 진정한 신앙공동체를 경험하게 되는 최고의 시간이 된다. 매주 거룩한 공동 목적을 가지고 팀을 이뤄 선교를 준비하는 과정을 통해 진정한 신앙공동체를 경험하게 된다. 그래서 단기선교 참가자들 가운데에는 단기선교가 끝난 이후 공동체에 필요한 좋은 헌신자로 세워지는 경우가 많다.

교회의 유익

교회는 단기선교를 통해서 매우 유기적인 선교 공동체로 변화될 수 있다. 단기선교를 통해 지역교회는 선교에 대한 관심과 사역의 지경을 구체적으로 확장시킬 수 있다. 또 단기선교는 선교사와 교회 사이에 끈끈한 네트워크를 형성하는 데에도 큰 도움을 준다. 뿐만 아니라 단기선교는 직접 가는 사람들뿐만 아니라 교회에 남아서 기도와 물질로 함께 파송에 참여하는 성도들에게도 매우 유익하다.

비록 직접 가지는 않지만 보내는 선교사로서 사명을 함께 감당하면서 교회 구성원 전체가 선교에 참여한다는 의미를 갖는다. 또한, 장기선교사를 파송할 계획을 가지고 있는 교회라면 단기선교는 장기 선교사를 발굴해내고 검증해낼 수 있는 매우 좋은 통로가 되기도 한다.

선교사의 유익

잘 준비된 단기선교팀이 선교지에 가면 현지에서 장기로 사역하고 있는 선교사들에게는 매우 큰 힘이 된다. 우선 선교사들은 영적 열정을 회복할 수 있다. 그동안 사지와 같은 선교지에서 홀로 각개전투를 하듯 사역했던 선교사들이 단기선교팀원들 때문에 새 힘을 낼 수 있기 때문이다. 혹시 나태했던 마음이나 느슨해진 마음이 있었다 하더라도 단기선교팀원들과 함께 선교지를 방문하고 사역을 하다 보면 파송 받았을 때의 첫 마음, 초심을 회복하게 된다.

함께 하는 동역자들이 있다는 사실, 나를 위해 기도해 주고 시간과 재정을 투자해서 선교지까지 와 주는 이들이 있다는 사실에 장기선교사들은 큰 용기와 격려를 받게 된다. 자연스럽게 함께 하는 시간만큼 선교사들은 단기선교팀원들에게 선교 비전을 나눌 수 있고 기도 제목과 필요들을 공유할 수 있게 된다. 또한 선교사들이 개인적으로는 쉽게 하지 못했던 일들도 단기선교팀의 지원과 후원 속에 뚝딱 해 내게 된다. 그리고 선교사 입장에서 단기선교는 장기 사역에 필요한 재정이나 물품을 공급받을 수 있는 좋은 기회이기도 하다.

현지 공동체의 유익

잘 준비된 단기선교는 선교지 현지의 신앙공동체에도 큰 유익을 준다. 선교지 공동체의 성도들은 단기선교팀이 보여주는 성숙한 인격과 겸손한 섬김을 통하여 바람직한 성도의 모습을 배울 수 있다. 지구 반대편에서 자신들을 위해 기도해 주고, 찾아와 주고, 필요를 채워주고, 좋은 관계를 맺는 영적 가족이 있다는 사실에 큰 격려를 받는다.

▶ 단기선교, 어떻게 진행해야 할까?

단기선교를 진행하는 과정은 보통 시간적 흐름을 따라서 기획 과정, 준비 과정, 현지 일정, 후속 과정의 네 단계로 나눌 수 있다. 이 책에서는 네 단계를 간단히 각각 언급하되 두 번째 과정인 '준비 과정'에 보다 집중하고자 한다. 특히 '어떻게?'에 초점을 맞춘 구체적인 방법론을 제시하고자 한다.

단, 이미 나름대로 단기선교를 잘 감당하고 있는 교회들을 고려하기보다는 아직 단기선교를 잘 모르며 잘 안 되는 보통의 평범한 공동체에 눈높이를 맞춰서 '어떻게?'의 문제를 풀어보도록 하겠다. 그러므로 당연히 이론적이거나 너무 거창한 제안보다는 바로 적용하고 따라 해 볼 수 있는 구체적이고 실천적인 내용을 다루어 보겠다.

단기선교의 기획 과정

단기선교를 효과적으로 실시하려면 우선 큰 그림을 잘 그리는 것이 필요하다. 이 과정은 방향성의 문제를 결정하는 단계라고 할 수 있다. 기획 과정에서 다루어야 할 내용들이 여러 가지가 있겠지만 무엇보다 다음의 세 가지의 질문이 확인되어야 한다. 첫째, '어디를?' 둘째, '누구와?' 셋째, '무엇을?'이다.

어디를 갈 것인가의 질문은 선교지를 정하는 것이다. 누구와 함께 단기선교를 할 것인가의 질문은 단기선교의 중요한 파트너인 선교사를 결정하는 것이다. 그리고 무엇을 할 것인가의 질문은 단기선교의 목적과 목표를 세우는 것을 의미한다.

1) 선교지와 선교사를 결정한다

단기선교의 기획 단계에서 가장 먼저 해야 할 일은 바로 선교지와 선교사를 결정하는 것이다. 전문 선교 단체가 아닌, 개체 교회에서 단기 선교지를 정하는 것은 단순한 것 같지만 어려운 일이다.

먼저 개체 교회에서 파송한 선교사가 있다면 그곳을 단기 선교지로 결정하는 것이 좋다. 교회에서 공식적으로 파송한 선교사는 교회와 연관성이 있어서 교회 공동체에도 유익이 된다. 파송한 선교사를 지속적으로 후원할 수 있는 통로가 되고, 성도들 모두가 보내는 선교사로서 마음을 모을 수 있는 기회가 되기도 한다. 또한 선교사의 경우에도 단기선교팀을 통해 혼자가 아님을 알게 되며 장기선교에 필요한 지원이나 도움을 단기선교팀을 통해 얻을 수 있는 유익이 있다.

그러나 문제는 개체 교회에서 파송한 선교사가 없는 경우, 즉 연계할 선교사가 없는 경우에는 다음과 같은 사항들을 고려하면서 선교지 및 선교사를 결정하는 것이 좋다.

첫째, 목적에 부합한 곳을 찾는다. 공동체의 단기선교의 목적에 가장 부합하는 선교지를 결정한다. 단, 국가에서 여행 금지 구역을 정해놓은 나라는 단기선교팀에게는 역부족이라 생각하기에 가지 않는 것이 좋다.

둘째, 만약 단기선교가 처음인 공동체라면 경제적, 언어적, 사역적으로 부담이 없는 선교지를 찾는 것이 좋겠다. 예를 들면, 항공료 및 체재비가 적은 곳, 가급적이면 영어가 통하는 곳, 선교 활동에 제약이 없는 곳이 좋다. 왜냐하면 단기선교를 처음 하는 공동체에게는 단기선교여행의 성공 자체가 중요한 목적 가운데 하나가 될 수 있기 때문이다.

셋째, 종교권을 고려하여 선정할 수 있다. 모슬렘권은 중동, 북아프리카, 중앙아시아, 인도네시아 등, 불교권은 인도차이나 지역 일대, 티벳, 몽골, 일본 등, 힌두권은 인도, 네팔 등 종교권을 고려하여 단기 선교지를 선정할 수 있다.

넷째, 선교 단체나 교단의 선교국의 추천을 받거나 이미 다녀온 교회들의 조언을 듣는 것도 하나의 방법이다.

다섯째, 특별히 선교지를 정하기 어렵거나 소수의 인원으로 구성된 단기선교팀이라면 전문 선교 단체의 단기선교 프로그램에 참여하거나 단기선교를 체계적으로 실시하는 타교회와 연합하여 떠나는 것도 괜찮다. 단기선교를 떠나는 공동체의 지도자는 이러한 사항들을 종합하여 선교지와 선교사를 잘 결정해야 한다.

2) 단기선교의 목적을 분명하게 정한다

일단 단기선교를 떠날 선교지와 선교사가 결정되었다면 그 다음으로는 단기선교의 목적을 분명하게 규정하는 것이 좋다. 목적이 분명하지 않은 단기선교는 많은 문제가 생긴다. 선교라는 이름으로 가지만 실제는 여행 수준에서 그칠 수도 있다. 단기선교의 목적이 분명해야 하는 이유는 그 목적에 따라 단기선교가 계획되고, 예산이 정해지며, 또한 사역의 열매와 보람, 참가자들의 헌신을 이끌어 낼 수 있기 때문이다.

따라서 단기선교의 목적에는 추상적이지 않은 분명한 초점이 있어야 한다. 또한 참가하는 헌신자들과 교회 공동체, 그리고 현지 선교사 모두에게 유익이 되는 것으로 세워져야 한다.

일반적으로 단기선교에 참여하는 사람들은 두 부류로 구분된다. 하나는 단기선교의 '경험이 있는' 사람이며, 또 다른 하나는 그 와 반대로 단기선교의 '경험이 없는' 사람이다. 기획 과정에서 단기선교의 목적을 정할 때에는 참가자와 교회 공동체에 대한 고려가 있어야 한다. 단기선교의 목적에는 일반적으로 두 단계가 있는데, 그것은 다음과 같다.

첫째, 선교에 대한 관심과 비전을 이끌어 내고 교육하는 것을 목적으로 삼는 경우다. 이것은 교회 공동체가 단기선교에 대해서 낯설고 경험이 없을 때 보통 갖게 되는 목적이다.

둘째, 지속적인 선교 활동을 위한 도구로써 단기선교를 활용하는 경우다. 이것은 교회 공동체가 이미 단기선교에 대한 경험이 있으며, 지속적인 단기선교를 통해서 현지 선교사를 지원하고, 아울러 선교팀의 성장과 훈련을 기대할 때 가질 수 있는 목적이다.

A교회의 경우에는 2001년부터 매년 미얀마로 단기선교를 갔다. 처음 2001년 미얀마로 단기선교를 떠날 때의 목적은 '미얀마를 이해하는 것'이 목적이었다. 그렇기 때문에 미얀마 사람, 미얀마 땅, 미얀마의 영적 상황을 보고 정탐한다는 구체적인 방향이 잡혔고 이러한 목적으로 가능한 한 미얀마 내의 여러 도시들, 주요 장소, 사역지 등을 방문하는 정탐 위주의 일정이 준비되었다. 왜냐하면 그것이 목적이었기 때문이었다.

반면 2006년 다시 미얀마로 단기선교를 갈 때에는 더 이상의 정탐은 필요 없었다. 현지 선교사와 의논하여 미얀마 감리교 신학교를 섬기는 것이 중요한 목적으로 결정되었고, 단기선교팀은 첫날부터 마지막 날까지 미얀마 신학교에만 머무르며, 40여 명 되는 신학생들과 함께 교제하면서 친구가 되었다. 그리고 그들에게 필요한 것을 구비시키는 사역(주로 어린이 사역)을 준비하여 시행하였다. 왜냐하면 그것이 명확한 목적이었기 때문이다.

이처럼 기획 과정에서는 '무엇을?'에 해당되는 분명한 목적이 세워져야 한다. 중요한 것은 단기선교의 목적은 분명해야 하며 그것이 공개적으로 선포되어야 한다는 것이다. 교회 공동체가 그 목적에 함께 공감할 때, 단기선교는 보다 분명한 방향성을 가지고 수행될 수 있기 때문이다.

3) 단기선교의 세부적인 목표를 세운다

단기선교의 목적이 정해졌다면 이제는 그것을 실제적으로 실현시켜가는 과정에 필요한 세부 목표를 정해야 한다. 즉 포괄적인 목적 하에 실제적이고 구체적인 목표들이 세워져야 한다는 것이다.

세부 목표를 세우는 데 있어서 무엇보다도 중요한 것은 현지 선교사와의 긴밀한 협력이다. 왜냐하면 선교지의 현실과 동떨어져서는 안 되기 때문이다. 선교지의 상황과 부합되어야 하며, 선교사의 사역에 도움을 줄 수 있어야 한다. 이것이 고려되지 않는다면 단기선교는 더 이상 선교일 수 없으며, 그것은 자기만족의 행사로 전락할 수 있기 때문이다.

단기선교의 준비 및 훈련 과정

구체적인 기획이 확정되었다면 이제는 출국 전까지의 준비 및 훈련을 실시해야 한다. 이 과정은 단기선교가 효과적인 선교가 되기 위해서 가장 필수적이고 중요한 부분이다. 사실 단기선교의 성공과 실패는 이 준비 및 훈련 과정을 어떻게 하는가에 따라서 결정된다.

1) 준비 및 훈련 일정을 정한다

단기선교는 매년 같은 선교지를 간다고 하더라도 매번 달라질 수밖에 없다. 왜냐하면 매번 구성되는 선교팀원들이 다르고, 선교지의 상황이 매번 달라지고, 선교지에서 만나게 될 현지인들도 달라질 수 있기 때문이다. 따라서 단기선교를 준비하는 데는 많은 시간이 요구된다. 대략 12주 정도의 준비 기간을 정한다. 경험상 12주가 안 되었던 단기선교는 사역적 측면이나 관계 훈련에 있어서 부족했다는 평가가 있었다.

약 12주의 훈련은 매주 2-3시간 정도를 활용하게 된다. 필요에 따라 더 모일 수도 있겠지만, 공식적으로 요일과 시간을 정하는 것이 좋다. 그리고 그 시간은 절대적으로 엄수하는 것을 원칙으로 한다.

2) 단기선교 팀원을 모집한다

훈련 기간을 약 12주라고 생각할 때 공동체에서는 출발을 기준으로 약 5개월 전부터 광고하고 팀원 모집을 해야 한다. 물론 이때는 단기선교에 대한 홍보가 적절하게 이루어져야 한다.

단기선교팀 참가자의 규모는 대략 지도자를 포함해서 15명 내외가 좋다. 15명 이하의 인원들은 결속력이 쉽게 다져지지만, 사역에 있어서 개인별 무게가 커지기 때문에 쉽게 지치게 되는 약점이 있다.

또한 반대로 15명이 넘는 인원은 사역적으로 가벼운 무게를 감당할 수 있지만 오히려 집중이 어려우며 결정적으로 서로의 관계 훈련에 있어서 이른바 '끼리끼리'의 약점이 심각하게 드러날 수 있음을 명심해야 한다.

만약, 20명 이상의 규모가 함께 단기선교를 진행하게 된다면 팀을 적절하게 나누고, 사역을 정확하게 구분하여 각 사역을 팀별로 나누어서 분담하게 하는 것이 좋다. 준비 모임이 시작된 후에는 팀원을 추가로 받지 않는 것이 좋다.

3) 항공권 예약은 서두른다

단기선교팀의 지도자는 팀원이 모집되면 가장 먼저 항공권에 대해서 민감하게 움직여야 한다. 왜냐하면 항공권은 일찍 예약할수록 저렴하게 구입할 수 있고, 단기선교에 필요한 재정 중에서 항공권 구입의 비중이 가장 큰 비중을 차지하기 때문이다. 단기선교 경험이 많은 공동체나 지도자라면 직접 저렴한 항공권을 찾아보고 구입할 수 있겠지만 보통은 신뢰할 수 있는 여행사에 의뢰하여 항공권을 구입한다.

팀원이 모집되면 항공권 예약을 위해서 팀원들의 여권 정보를 수집해 놓는다. 또한 방문하는 선교지에 따라 입국에 필요한 비자가 있는지를 확인하고 필요할 경우 비자 발급 준비도 병행한다.

▶ 단기선교의 준비 및 훈련 내용

선교지 리서치를 한다

리서치란 선교지를 조사하는 것이다. 리서치의 주제는 다양할 수 있다. 예를 들어, 선교지가 몽골일 경우에는 몽골의 정치, 경제, 역사, 교육, 종족, 종교, 문화, 가정, 자연환경, 최근 언론기사, 몽골 선교사 등을 주제로 리서치한다. 이런 리서치의 장점은 선교지를 더 자세히 알게 되어 마음으로 품을 수 있고, 자연스럽게 전략적인 중보기도가 가능해진다는 것이다. 사실 단기선교를 앞두고 선교지를 위해 기도해야 한다고, 품어야 한다고 수없이 말하지만 기도가 실제로 되려면 기도할 거리가 있어야 한다.

"우리는 아는 만큼 사랑할 수 있고 사랑하는 만큼 기도할 수 있습니다."라는 말처럼 리서치를 할 때, 단기선교에 참가하는 팀원들은 선교지에 대해 하나하나 실제로 알게 될 것이다. 그리고 그만큼 선교지와 그 땅의 사람들을 가슴에 품게 되는 것이다. 실제로 그 선교지를 위한 중보기도가 만들어지게 될 것이다. 리서치는 정기적인 단기선교 준비 모임에서 가장 중요한 요소라고 할 수 있다.

리서치를 실행하는 방법은 다음과 같다. 모임 초반 인원에 따라 리서치 내용을 분담한다. 인원에 따라 팀으로 엮어도 좋고 개인별로 담당해도 좋다. 첫 오리엔테이션을 할 때, 리서치 제목들을 준비하고 나누도록 한다. 그리고 매주 정기모임 시에 발표하도록 한다. 리서치는 A4용지 1-2장 정도의 분량으로 정한다. 내용이 너무 길면 모임 간에 제한이 있기 때문에 다른 것을 할 수 없다. 담당자는 내용과 연관해서 중보기도 내용을 결정하도록 한다. 기도 제목은 세 가지 정도가 적당하다. 리서치 후에 그 기도 제목을 바탕으로 중보기도 하는 시간을 갖는다.

팀사역을 준비한다

단기선교에서 팀사역이란 단기선교에 참가하는 모든 팀원들이 각자 은사와 열정에 따라 한 가지 이상의 역할(Job)을 맡고 그 역할을 책임 있게 수행함으로써 단기선교팀이 하나의 유기적인 공동체가 되도록 하는 것이다. 팀원의 숫자에 따라 역할(Job)은 탄력적으로 조정할 수 있는데, 대표적인 역할(Job)로는 팀 리더, 찬양인도자, 회계, 서기, 중보기도, 타임키퍼, 라스트키퍼, 작업 담당, 섬김, 데코, 의료, 촬영, 물품 관리, SUM 등이 있다. 각 역할에 대한 구체적인 지침은 다음과 같이 설명할 수 있다.

1) 리더

리더는 단기선교의 모든 일정을 이끌어 간다. 준비 기간 동안에는 팀모임을 진행하며, 역할 분담과 사역 조율을 전체적인 방향에서 관찰하고 진행한다. 특별히 팀원들의 목회적 돌봄을 가장 중요하게 담당해야 한다. 또한 관계 훈련에 있어서 팀원들 간의 화합을 지향한다. 항공권 예약을 위해서 부지런하게 움직여야 하며 현지 사역을 위해서 현지 선교사와 긴밀한 연락을 계속해서 주고받아야 한다. 현지 사역 시에는 아침 모임과 저녁 모임을 이끌어야 한다.

2) 찬양 인도자

찬양 인도자는 모임 시에 예배를 담당하는 역할이다. 경험상 찬양의 은사가 있으며, 공동체를 찬양으로 이끌 수 있는 지체가 필요하다.

3) 회계

단기선교팀의 모든 재정을 담당한다. 회계는 리더의 권위로 명하여 세우는 것이 좋다. 리더는 정확하고 꼼꼼한 지체를 선별해서 회계를 일임하며, 사람이 없다고 해서 리더가 회계까지 맡는 일은 없어야 한다. 회계는 선교팀 통장을 만들어서 일괄적으로 관리하며, 특별히 후원자 명단을 정확하게 정리해야 한다.

4) 서기

준비 훈련 일정과 현지 사역의 내용을 세밀하게 기록한다. 또한 팀 기도 편지, 선교팀 핸드북과 선교 후 보고집 제작 등을 총괄한다. 준비 훈련 기간에는 일지 등을 만들어서 관리하고, 현지에서는 작은 수첩을 휴대하여 기록하는 것이 좋다.

5) 중보기도

팀 안에서의 중보기도 담당자는 팀원들의 중보기도 내용을 기록하고 기도의 무릎으로 담당하는 역할이다. 보이지 않는 곳에서 가장 중요한 역할이라 할 수 있다.

6) 타임키퍼(Time Keeper)

사람이 모이게 되면 가장 지켜지지 않는 것이 시간이다. 타임키퍼는 모일 시간을 미리 알리고 회집하는 역할을 하며, 현지에서 기상 시간과 취침시간, 회집 시간에 민감하게 움직여야 한다. 타임키퍼는 형제와 자매로 분류하여 각각 세우는 것이 좋다. 또한, 자매들의 경우, 아침 회집 시간에 늦지 않도록 각별한 관리가 필요하다는 것을 잊지 말아야 한다. 현지에서 사용할 수 있도록 작은 알람시계를 준비한다.

7) 라스트키퍼(Last Keeper)

모든 모임의 뒷정리를 담당한다. 모임이 끝나면 정리와 정돈이 필수인데, 혼자 하는 것이 아니라 팀원들에게 분담하여 지시하고 관리하는 역할이다. 특별히 준비 모임 시에 사용하게 되는 모임 장소는 공공장소일 경우가 대부분이기에 각별한 관리가 필요하다. 에어컨, 난방, 열쇠, 책상 정리 등 세밀하게 관찰해야 한다.

8) 섬김(Hospitality)

섬김의 역할은 선교팀원들에 대한 사랑의 돌봄이다. 후원자들에게 받은 간식, 재정으로 구입한 간식 등을 담당하며, 준비 모임이나 선교지에서 리더의 허락 하에 간식을 나누고 교제 시간을 이끌어 간다.

9) 데코(Decoration)

선교팀의 홍보에 필요한 피켓이나 기도 후원자 현황판, 선교지에서의 애찬식, 귀국 후 선교 현장을 알리는 알림판 등을 제작한다. 일이 많기 때문에 혼자하기 보다는 둘 이상의 사람이 함께 감당하면 좋다.

10) 의료

선교지에서 의료함을 관리하며 아침저녁으로 팀원들의 상태를 돌본다. 선교지에 가면 배탈이나 설사, 감기 등으로 고생하는 사람들이 생긴다. 이들을 돕는 역할을 감당한다. 의료 물품이 제공된다면 잘 관리하고, 팀 재정으로 사야 한다면 필요한 목록을 만들어서 적당한 양을 구입하도록 한다. 지사제, 변비약, 상처 치료제, 해열제, 소화제, 배탈약, 감기약, 밴드, 반창고, 붕대 등이 필수다.

11) 촬영

선교지에서 행해지는 모든 중요한 사역들을 사진과 영상으로 담는 역할을 한다. 비디오카메라와 디지털카메라가 필수이며, 돌아와서 보고 예배 때 보고 영상을 제작한다.

촬영 시 유의해야 할 점은 너무 많은 것을 담는 것이 아니라, 필요한 부분만을 담아내도록 한다. 비디오의 경우 영상 제작을 고려해서 촬영해야 하며 너무 많은 양을 촬영하게 되면 영상 제작 시에 굉장히 힘들어질 수 있음을 유의한다. 대신 사진 촬영은 많이 할수록 좋다.

보고 영상은 10분이 넘어가지 않도록 하며, 기술적 탁월함보다도

선교지에서의 활동을 적절하게 보여줄 수 있는 수준만 되면 된다. 윈도우 무비 메이커나, 베가스, 프리미어 등의 프로그램이 사용된다. 사전 지식이 없다면 준비 기간 중에 미리 공부하는 것도 좋다.

12) 물품 관리

사역에 필요한 모든 준비물을 챙기고 관리한다. 또한 출국과 귀국 시에 어지럽지 않도록 물품 목록을 만들어서 관리한다. 꼼꼼하게 체크하지 않으면 현지에서 해당 물건이 없어서 어려울 수 있다. 그리고 공동 짐을 챙길 경우, 항공 운송을 고려해서 튼튼하게 포장해야 한다. 과하다 싶을 정도로 테이핑을 하고 표시를 하는 것이 중요하다. 또한 포장 시에는 사역별로 품목을 나눠서 관리하는 것이 편리하다.

13) SUM(Special Utility for Ministry)

SUM은 현지에서의 워십과 드라마 등 사역을 위한 특별한 도구들을 말한다. 준비 모임 시에 SUM담당자는 리더와 상의해서 곡을 정하고 워십을 익히도록 한다. 일반적인 워십곡과 더불어서 한국적인 부채춤, 태권무 등을 해도 좋다. 드라마는 스킷드라마로 한다. 대사가 많으면 전달에 있어서 어려움이 생길 수가 있기에 되도록 몸으로 표현할 수 있는 무언극으로 준비한다.

14) 작업 담당

작업 담당은 공동체가 함께 움직이거나 짐을 옮길 때, 정리를 할 때, 기타 등등에 있어서 팀원들을 분류하고 일을 위임하는 역할을 한다. 10명 이상의 사람이 모이게 되면 일을 하는 사람만 하게 되고 움직이는 사람만 움직이게 되는 경우가 다반사다. 이것을 적절하게 해소하고 함께 할 수 있도록 조율하는 역할을 감당한다.

15) 통역 담당

해외로 출국하게 되면 일단 언어의 장애가 가장 두드러지게 나타난다. 영어에 대한 기본 실력이 있는 지체가 좋다. 또한 현지에 가면 영어 사용이 보편적인 나라를 제외하고는 자유롭게 의사소통을 하기가 어렵기 때문에 두 단계의 통역이 필요하게 된다. 이 부분에 있어서는 선교사님들에게 도움을 요청해야 한다.

모든 팀원들은 각각 맡은 역할(Job)을 나름대로의 권한을 가지고 준비 기간 동안, 그리고 현지 일정 속에서도 각 역할(Job)을 감당한다. 이 팀 사역을 통해 각 참가자들은 자기가 맡은 영역에서 리더가 되어 팀을 섬긴다.

이러한 팀 사역의 기회는 참가자 모두가 구경꾼이 아닌, 주인공으로 단기선교에 참여할 수 있게 해 준다. 또한 서로의 권위를 인정하면서 한 가지의 목적을 가진 공동체를 형성해 가는 훈련을 통해 공동체성을 세워나가는 기회가 될 수 있다. 물론 이를 위해서는 각 역할(Job)이 무엇을 하는 것인지, 어떻게 하는 것인지를 쉽게 설명 해주고 안내해 주어야 한다.

청년사역 가이드 (tip)

『하나님이 찾으시는 사람』 북리뷰

『하나님이 찾으시는 사람』(홍성건, 예수전도단)이란 책은 단기선교 훈련에 있어서 교과서로 삼을 수 있는 책이다. 그 이유는 이 책의 구성이 세 가지의 주제로 되어 있기 때문인데 바로 예배, 영적전쟁, 중보기도가 그것이다. 보통 일반적인 선교지에 단기선교팀이 갔을 때 할 수 있는, 그리고 해야 하는 가장 중요한 역할이 바로 이 세 가지다. 예배가 무너져 있는 땅에서 하나님을 높이며 참된 예배자로 서는 것, 선교지의 곳곳에서 현지 주민들에게 영향력을 끼치고 있는 영적 상황과 맞서 영적전쟁의 선봉에 서는 것, 그리고 결렬된 틈 사이에 서서 그 땅을 위해, 그 땅의 백성들을 위해, 선교사와 가정을 위해 중보기도를 하는 것이 단기선교팀의 중요한 역할이다.

그런 면에서 이 책을 읽어보는 것은 단기선교팀의 영적무장을 위해 큰 도움을 줄 수 있다. 또 준비 모임을 하는 기간 동안 특별한 강의를 할 수 있는 상황이 아닌 공동체라도 이 책을 통해 단기선교에 필요한 기초적 강의를 대체하는 효과를 제공받을 수 있다.

북리뷰를 실행하는 방법은 다음과 같다. 리서치와 마찬가지로 이 책의 세 가지의 주제를 세부 챕터별로 나누어서 인원수에 맞게 나누어 맡긴다. 진도에 따라 모든 팀원은 이 책을 읽어오고, 담당자는 매주 정기 모임 시간에 A4용지 한두 장에 내용을 요약해서 발제한다. 그리고 기도 제목 1-2개 정도를 뽑아온다. 발제 후 서로 느낀 점을 나누거나 기도 제목을 바탕으로 중보기도 하는 시간을 갖는다. 발표는 챕터별로 10분 정도가 적당하며 기도까지 전체 20분 정도가 좋다.

재정을 준비한다

단기선교팀의 인원에 따라, 사역의 종류에 따라, 항공권, 후속 모임 일정에 따라 재정이 달라지는데, 리더는 전체 재정을 계획하고 그것을 인원수에 맞게 나눈 다음, 공지하도록 한다.

일반적으로 재정은 자비량을 원칙으로 하면서 자비량이 어려운 팀원들을 지혜롭게 배려하면서 진행하는 것이 좋다. 하지만 원칙을 주장하는 것보다 교회의 상황에 맞추는 지혜도 있어야 한다. 재정을 집행하는 데 있어서 리더는 회계와 함께 의논하고 결정하도록 한다. 또한 재정 집행은 예산에 맞게 집행하되, 언제나 리더의 허락 하에서 집행한다.

현지에서의 사역을 준비한다

여기서 말하는 현지 사역이란 장기선교사의 권고에 의해서 결정된 '무엇을?'에 대한 구체적인 준비이다. 예를 들면, 장기선교사가 이번 단기선교팀에게 "이러이러한 사역을 할 예정이니 이런 사역 준비를 하면 좋겠다."고 말한 것을 준비하는 시간이다. 이러한 현지에서 활용할 사역을 총칭해서 흔히 SUM이라고 한다.

이러한 현지 사역으로는 워십댄스, 융판동화, 풍선아트, 인형극, 풍물놀이, 난타, 드라마, 무언극, 영화 상영, 노력 봉사 활동, 선교지 성경학교, 노방전도 등이 있을 수 있다. SUM 리더의 지도 아래에서 필요한 사역을 결정하고 참가자 전원이 팀별로 역할을 맡아 그 사역 준비를 하는 것이다. 처음엔 어색하고 잘 되지 않지만 준비 기간 동안 연습하고 준비하면 나중에는 탁월한 실력이 생기게 된다.

이러한 사역의 자료나 내용에 대해서는 단기선교를 잘 하는 가까운 교회들에게 문의를 하면 도움을 받을 수 있다. 중요한 것은 무엇을 하더라도 현지 선교사와 긴밀한 연계를 바탕으로 준비해야 한다. 그래야 선교지를 위한 바람직한 사역이 된다.

예배와 기도를 훈련한다

단기선교팀의 모임이 있을 때마다 언제나 예배로 시작한다. 여기서의 예배는 찬양과 경배를 의미한다. 단기선교팀 모임의 예배가 너무 형식적일 필요는 없다. 오히려 팀원들이 하나님의 임재를 개인적으로 느낄 수 있도록 환경을 잘 만들어 주는 것이 좋다. 그래서 하나님 앞에 예배자로 서는 훈련을 하는 것이다. 이 모임은 찬양인도자가 이끌어간다.

또한, 준비 과정을 통해 참가자들은 기도를 훈련해야 한다. 찬양을 부르다가도 기도한다. 리서치를 한 뒤에도 그 내용을 붙들고 기도한다. 풀리지 않는 문제(재정 문제, 휴가 문제 등)가 있을 때 역시 기도한다. 선교지와 커뮤니케이션을 하면서 주어지는 상황을 놓고 기도한다. 계획을 짜서 릴레이로 금식기도도 한다.

특별히 릴레이 금식기도는 준비 모임을 시작한 뒤 보통 한 달 뒤부터 시작하면 좋다. 말 그대로 릴레이로 한 끼씩 금식을 해 나가는데

한 끼 금식의 시간을 정확하게 명시하는 것이 좋다.

아침 금식은 전날 저녁 식사 후부터 점심 식사까지, 점심 금식은 아침 식사 후부터 저녁 식사까지, 저녁 금식은 점심 식사 후부터 다음 날 아침 식사까지이다. 이렇게 금식을 하면 한 끼라고 하지만 절대로 만만한 시간이 아니며 제대로 금식다운 금식을 하게 된다.

금식을 마칠 때 다음 금식 참가자에게 문자를 보내주면서 서로 격려한다. 이러한 시간 배정은 언제나 두 사람 이상의 멤버가 금식을 하는 구조의 기도가 만들어질 수 있다. 이러한 다양한 기도의 시간을 통해 단기선교 참가자들은 자연스럽게 기도의 훈련을 받아야 한다.

행정적 준비를 한다

이 외에도 준비 과정을 통해서 해야 할 일은 많다. 서약서, 기도 편지, 핸드북 등을 챙겨야 하는 행정적 준비가 필요하다.

1) 서약서

단기선교에 참여하는 선교팀원들은 '단기선교여행 서약서'를 작성한다. 이것은 여행 시에 있을 수 있는 사건들과 개인적인 헌신의 내용들에 대한 것으로, 지장 혹은 자필 서명을 하도록 한다.

2) 기도 편지

팀 기도 편지와 개인 기도편지를 준비한다. 팀 기도 편지는 팀원 사진과 선교 국가, 그리고 팀을 위한 기도 편지, 그리고 후원 계좌를 구성해서 제작한다. 개인 기도 편지는 개인별로 준비하게 하되, 기도 후원자와 재정 후원자에게 전달할 목적으로 제작한다. 개인 사진과 선교 여행의 동기, 중보기도 제목, 후원 계좌 등을 내용으로 구성하면 된다. 물론 이 둘을 묶어서 하나로 제작해도 괜찮다.

3) 핸드북

팀원들이 선교지에서 휴대할 핸드북을 제작한다. 핸드북에는 선교지에 대한 개괄적인 내용, 간단한 현지어, 사역 일정, 그리고 찬양 악보 등을 넣도록 한다. 휴대하기 쉬운 적당한 크기로 만든다.

홍보와 동원을 위한 준비가 필요하다

단기선교가 직접 선교지로 가는 몇 사람들만의 전유물이 아니라 공동체 전체의 사역이 되기 위해서는 '홍보와 동원을 위한 준비'가 필요하다. 교회에서의 홍보는 주보와 현수막 등이 좋다. 그리고 선교지에 대한 정보 전달을 위한 홍보물 등을 만들어 게시하면 효과적이다.

후원과 동원을 위해서 선교 바자회를 준비할 수 있는데, 바자회는 주일 오전 예배 전후의 시간대가 적절하며, 이때에는 음식이나 음료, 아이스바 등을 준비한다.

중요한 것은 바자회가 지나치게 번거롭거나 팀원들을 지치도록 하면 안 된다는 것이다.

▶ 단기선교지에서의 실행 과정

단기선교지에서의 실행 과정도 시간의 흐름에 따라 나누어 정리한다. 즉 기상에서부터 아침 식사까지의 아침 시간, 그리고 저녁 식사 전까지의 낮 시간, 그리고 저녁 식사 이후 취침 전까지의 밤 시간으로 분류할 수 있다.

아침 시간에는 예배와 말씀 묵상을 한다

선교지에서 아침 시간은 보통 새벽 6시-9시까지를 말한다. 이때 해야 할 일은 예배와 말씀 묵상과 나눔 그리고 아침 식사다. 아침에 기상하면 우선 세면을 하고 모여 찬양으로 먼저 예배한다. 그리고 말씀 묵상(QT) 시간을 갖고 그 묵상을 나눈 뒤 아침식사를 한다.

팀리더는 이때 몸이 아픈 사람, 마음이 어려운 사람을 체크하여 격려하고 기도하는 시간을 갖는다. 말씀 묵상을 꾸준히 해 온 공동체는 그 순서에 따라 본문을 정하면 좋고, 단기선교여행 기간만을 위해서는 팀웍과 사랑에 관한 말씀이 많은 요한일서를 선택하면 좋다.

낮 시간에는 현지 선교사의 인도를 그대로 따른다

이때는 고민할 필요가 전혀 없다. 무조건 선교사의 인도에 따르는 것이 좋다. 좋은 단기선교는 '장기선교사와 현지에 도움이 되는 단기선교'이다. 그러므로 단기선교를 하면서 현지 일정 중 낮 시간에 대해서는 철저하게 선교사에게 그 결정의 주도권을 주는 것이 좋다. 그래야 단기선교팀도 좋고 장기선교사도 좋다.

현지에서 사역하는 장기선교사를 가이드로 만들지 않아야 한다. 현지를 잘 알지도 못하면서 절대로 "이렇게 합시다. 저기로 갑시다" 하지 말고, "어떻게 할까요? 무엇을 할까요?"라고 겸손하게 물어보면서 현지 선교사의 인도를 받아야 한다. 현지인들과의 관계에 있어서도 철저하게 장기선교사의 지침을 따르는 것이 좋다. 만약 이러한 원칙을 따르지 않으면 단기선교팀이 장기선교사에게는 오히려 선교의 장애가 될 수도 있기 때문이다.

필리핀에서 장기선교사로 사역하고 있는 H선교사는 한 기독교 잡지에 단기선교팀의 잘못된 모습과 관련하여 이런 글을 기고했다.

가난한 현지인들에게 동정으로 현금을 덥석덥석 쥐여 주어 그간 눈물 나게 싸움의 사역을 하며 가르쳐 놓은 자존감을 순식간에 변질시켜 놓았습니다. 선교사 몰래 받은 돈이라 '십일조 안 해도 모르겠지' 하는 십일조 도둑을 만들어 놓고는, 그런 일을 지양해 달라고 부탁하면 "저렇게 가난한데 우리가 도와줘야지요." 하며 자기만족을 채웁니다. 그런 일이 일어나면 가난한 빈민들은 한국인에게 불쌍하게 보이면 돈이나 물질을 얻을 것이라는 로또 같은 기대와 의존성을 갖게 되고, 심지어 거짓 연기까지 동원하는 경우도 종종 있습니다.

물론 때로는 열심히 준비해 간 내용들을 써먹지 못해 속상할 수도 있을 것이다. 그러나 조급해할 필요는 없다. 하루아침에 세계 선교를 다 할 수 있는 것이 아니다. 우리를 보여주고 자랑하려고 엄청난 투자를 해서 선교지에 간 것이 아니다. 그저 며칠 선교지에 다녀오면서 단번에 모든 것을 하겠다는 잘못된 성취욕을 버려야 한다. 낮 시간은 고민하지 말고 현지 선교사의 인도에 따르는 것이 필요하다.

밤에는 중보기도, 감사의 보물찾기, 팀원 격려, 사역 준비를 한다

중보기도는 철저하게 그날 하루의 사역을 기반으로 한다. 즉, 그날 만났던 사람들을 위해, 그날 방문했던 선교지를 위해, 그날 있었던 특별한 사역을 위해 구체적으로 하루의 사역을 기도로 정리하는 시간을 가지면 좋다. 그리고 '감사의 보물찾기'를 하면 좋다. 이것은 사역 나눔을 하되 특별히 감사한 것, 은혜를 경험한 것 등을 구체적으로 나누는 시간이다.

빡빡한 일정의 단기선교를 진행하다 보면 여러 가지 면에서 어려움이 찾아오게 되어 있다. 괜히 마음이 어려워지거나 관계가 어려워지기도 한다. 이럴 때 가장 좋은 것이 바로 오늘 하루 일정 중에서 감사거리를 찾아 감사를 나누는 것이다. 한 명 두 명 감사를 나누다 보면 생각지 못했던 다양한 감사의 제목들이 만들어진다. 어느새 감사거리가 풍성해진다. 그러다 보면 불평거리, 어려움 등은 자연스레 사라지게 된다. 그리고 반드시 모든 팀원들 한 사람 한 사람을 격려하며 세워주고 다음 날 있게 될 사역을 준비한다.

특별히 선교지의 마지막 밤에는 애찬식을 하면 좋다. 1부는 선교사와 가족을 위한 시간으로 식사, 쇼, 감사와 격려의 시간, 세족식 등을, 2부는 팀원들을 위한 시간으로 격려와 감사의 보물찾기 그리고 결단을 하는 시간으로 삼는다. 만약 현지에서 계속 현지식을 했다면, 이때 식사는 한국식으로 해도 좋다. 미리 준비해 간 고추장이나 김치, 라면 등으로 식사 교제를 하면 분위기는 더욱 좋아진다.

▶ 단기선교의 후속 과정

단기선교를 마치고 돌아온 것으로 단기선교가 끝났다고 생각해서는 안 된다. 반드시 후속 과정을 거쳐야 한다. 여기서 고려해야 할 것은 보고 예배, 보고 자료집 작성, 후원자 관리, 후속 모임 등이다.

보고 예배를 드린다

단기선교를 마치고 보고 예배를 잘 드리는 것은 대단히 중요하다. 그것은 마치 전쟁터에 나간 병사들이 돌아와 전리품을 나누는 것과 같은 시간이기 때문이다. 기도로, 재정으로, 후원을 해 준 남아 있던 공동체에게는 단기선교의 은혜를 동일하게 나누는 시간이며 참가자들에게는 단기선교를 다시 한번 정리할 수 있는 시간이기 때문이다.

보고 예배를 위해서는 우선 사진전을 준비하면 좋다. 조금 큰 사이즈로 주요한 사역 사진들을 뽑아 간단한 설명을 붙여 전시한다. 또 영상 보고를 하는 것도 좋다. 단, 이때 준비되는 영상의 시간은 10분을 넘지 않도록 편집한다. 그리고 참가자들 가운데 3-4명이 간증을 한다. 이때 주의사항은 3-4명이 각각 다른 한 가지의 포인트를 가지고 간증을 준비한다는 것과 반드시 간증은 써서 읽어야 한다는 것이다. 그래야 길어지지 않는다. 그리고 현지 사역으로 준비했던 것 중의 한 가지를 전체가 한 뒤 약속의 말씀을 가지고 메시지를 전하면 좋다.

보고 자료집을 제작한다

단기선교의 준비 과정에서부터 마지막 평가와 사진 등 단기선교의 모든 흔적과 자료가 담긴 보고 자료집을 잘 남길 필요가 있다. 참가자들에게도, 후원자들에게도 다음의 단기선교팀을 위해서도 이 자료집은 대단히 유용한 도움이 된다.

후원자를 관리한다

단기선교를 위해서 재정과 물품으로 후원을 해 준 이들의 섬김을 기억할 필요가 있다. 가장 좋은 것은 사진전에 사용한 사진 중에서 15-20장을 골라 미니 앨범을 만들고 미니 앨범과 보고 자료집, 그리고 감사 편지를 함께 전하는 것이다. 이렇게 하면 후원자는 분명 자신이 한 헌신에 대해 큰 의미를 얻게 될 것이다. 또한 후원자는 이후의 또 다른 단기선교에도 반드시 다시 후원에 동참할 확률이 높다.

후속 모임을 가진다

단기선교 이후에는 반드시 후속 모임을 가지는 것이 좋다. 공동체마다 상황에 맞게 모임을 갖되, 보통 한 달에 한 번씩 6개월 동안이면 적당하다고 생각된다. 이때는 단기선교를 통해 받았던 은혜들을 다시 나누며, 그 이후에 들려오는 선교지의 소식을 나누고 중보기도 하는 시간으로 삼는다. 이때 선교사를 위해 지속적인 연락과 작은 섬김이 만들어진다면 더욱 좋을 것이다.

순풍의 돛을 달고 기적을 가져오는 단기선교를 꿈꾼다

준비되지 못한 단기선교는 역풍을 맞음을 이미 살펴보았다. 그러나 이 말은 반대로도 해석될 수 있다. 단기선교는 엄청난 역량이 투자되는 사역이다. 그러므로 제대로 준비하고 실행한 단기선교는 실로 엄청난 기회가 될 수 있다. 개인의 경우에도 단기선교를 통해 가치관이 변하고 신앙의 태도가 바뀐 사람이 실로 헤아릴 수 없이 많다. 공동체의 경우에도 단기선교를 통해 그 공동체의 분위기가 송두리째 바뀔 수도 있다. 역풍이 아닌 강력한 순풍의 돛을 달고 놀라운 기적을 가져올 수 있는 것이 바로 단기선교이다.

1. 왜 선교인가?

- 예수님은 모든 그리스도인에게 가서
  모든 민족을 제자 삼고 전도하라는 명령을 하셨다.
- 단기선교는 참가자에게뿐만 아니라
  교회와 단기선교팀을 맞이하는 선교사에게도 매우 유익하다.
- 단기선교는 진정한 신앙 공동체를 경험하게 되는 최고의 시간이 된다.

2. 단기선교의 기획 과정

- 단기선교의 기획 과정에서는 세 가지의 질문을 확인한다.
  "어디를?", "누구와?", "무엇을?"
- 어디를 갈 것인가의 질문은 선교지를 정하는 것이다.
- 누구와 함께 단기선교를 할 것인가의 질문은 선교사를 결정하는 것이다.
- 무엇을 할 것인가의 질문은 단기선교의 목적과 목표를 세우는 것이다.

3. 단기선교의 준비 및 훈련 과정

- 우선 훈련 일정을 정하고 단기선교팀원을 모집하고,
  항공권 예약을 한다.
- 선교지 리서치를 하고 정기 모임 때 발표와 중보기도를 한다.
- 팀 사역을 준비하면서 현지에서의 사역도 준비한다.
- 재정과 행정적 준비, 홍보 및 동원을 위한 준비를 한다.

4. 단기선교지에서의 실행 과정
- 아침 시간에는 예배와 말씀 묵상을 한다.
- 낮 시간에는 현지 선교사의 인도를 그대로 따른다.
- 밤 시간에는 중보기도, 감사의 보물찾기, 팀원 격려, 다음날 해야 할 사역을 준비한다.

5. 단기선교의 후속 과정
- 단기선교를 마치고 돌아왔다면 우선 보고 예배를 잘 드려야 한다.
- 보고 자료집을 작성하여 나눈다.
- 단기선교를 위해 후원해 준 이들에게 미니 앨범, 보고 자료집, 감사 편지를 전한다.
- 후속 모임을 하면서 단기선교를 통해 받았던 은혜를 다시 나눈다.

나가는글

들불처럼 일어나는
청년공동체의 부흥을 꿈꾸며

'청년이 미래다.' 곳곳에서 자주 보는 문구이다. 최근 우리 사회에 자주 다루어지는 주제 중에 하나가 '청년'에 대한 이야기다. 한국사회가 청년에 대해 관심을 갖게 된 것은 사실 긍정적인 요인보다는 부정적인 요인에서 시작되었다. 오늘의 청년들은 취업을 위해 연애, 결혼, 출산, 인간관계, 내 집, 꿈과 희망 등 여러 가지를 포기해야 하는 'N포 세대'로 불려지며, 우울하고 불안한 삶을 살아가고 있다.

그러면 교회 안에 있는 청년들의 모습은 어떠한가? 최근 전체적인 인구 감소를 고려하더라도 분명 각 교회에서 미래의 희망인 청년들이 사라지거나 줄어들고 있는 것은 부인할 수 없는 사실이다. 청년들은 삶 가운데 부딪치는 수많은 고민과 영적 필요에 대해 교회로부터 답을 얻지 못하면 미련 없이 교회를 떠난다.

한국보다 기독교의 역사(歷史)가 오래된 서구 유럽과 미국의 교회들이 겪는 아픔 중에 하나는 교회에 청년이 적다 못해 이제는 그 흔적조차 찾아보기 어렵다는 사실이다. 과거의 화려했던 영광은 사라지고 쓸쓸한 절망만이 남아있다.

세상에서나 교회에서나 사람을 제대로 못 키우면 모든 싸움에서 지게 되어있다. 우리가 더 늦기 전에 바른 변화를 통해 제대로 청년들을 길러내지 못하면 교회의 미래는 장담할 수 없는 시대가 곧 올 것이다.

신학대학원을 졸업한 사역자들은 마땅한 사역지가 없다고 아우성인데, 반대로 청년사역자를 찾는 교회들은 준비된 사역자를 찾기가 너무 힘들다고 호소한다. 청년사역자의 준비와 훈련, 자질 부족은 청년들 뿐만 아니라, 교회의 미래에도 막대한 영향을 미치게 된다.

"청년공동체를 어떻게 하면 부흥시킬 수 있는가"라는 매우 원론적인 질문에 대한 가장 정확한 대답은 주님이 우리에게 보여 주셨듯이, "청년들을 사랑하라"는 말로 요약할 수 있다. 물론 어떻게 사랑할 것인가에 대한 방법론적인 문제가 남아있지만, 성장을 목적으로 하는 것이 아니라 청년들을 전심으로 사랑하는 것이 청년 부흥의 지름길이다. 다시 말해, 그들과 친구가 되고 그들의 희노애락에 깊이 참여하는 것이다. 인간을 사랑하셔서 하나님이 인간이 되신 것처럼 말이다.

그렇다면 청년공동체의 부흥이 일어나지 않는 이유는 무엇인가? 그것은 반대로 청년들을 사랑하지 못하고, 청년들의 문화와 그들의 삶과 영적 고민을 이해하지 못하기 때문이다. 그래서 마지막으로 건강하게 성장한 청년공동체의 부흥의 핵심 원리를 종합하여 8가지로 정리하고 글을 마치려 한다.

**첫째, 청년공동체의 부흥과 성장은 말씀과 기도 등
본질적인 영성 회복에 있다.**

청년들을 위하여 많은 관심을 가지고 투자하는 어떤 교회 담임목회자가 이런 질문을 한 적이 있다. 청년들을 위하여 예산을 풍족히 세우고, 교회 안에 카페를 만들어주고 최신 컴퓨터 시설과 농구 골대, 그리고 예배도 잘 드릴 수 있도록 악기와 필요한 모든 것을 최선을 다해 지원하였다는 것이다. 또한 비기독교인 청년들을 위한 초청 콘서트 같은 공연도 기획하고, 담임목사 자신도 청년들을 사랑하는 마음으로 직접 자주 설교하는 등 많은 관심과 투자를 하는데도 부흥의 조짐(?)이 보이지 않아서 속상하다는 얘기였다.

사실 이 정도면 대단한 지원이다. 그러나 그 담임목사님이 놓친 것이 하나 있다면 청년들이 진심으로 원하고 있는 것은 하나님의 임재와 은혜 체험, 본질적인 영적 경험을 원한다는 것이다. 많은 공동체가 이와 같은 영적 기본기는 소홀히 한 채 문화적으로만 접근하는 우(愚)를 범하고 있다는 것이다.

먼저, 부흥하는 공동체에는 청년사역자들이 영성의 기본인 말씀 양육과 기도 생활에 대해 자신이 탁월한 영성을 가지고 있었고, 청년들의 본질적인 영성 회복을 위한 노력을 공동체 안에 가지고 있었다는 것을 기억해야 한다. 무엇보다도 예배의 말씀과 기도 모임을 통해 하나님을 경험하는 공동체가 되게 하라.

둘째, 청년들에게 가장 중요한 예배에 모든 승부를 건다.

우리가 만나고 경험한 부흥하는 청년공동체들의 특징은 모두가 예배에 성공하고 있었다. 이를 위해서는 예배를 위한 철저한 준비와 순서마다 생명을 불어넣는 작업이 필요하다. 그래서 청년사역자는 예배를 위해 목숨을 걸어야 하는 것이 당연하다.

교회마다 어려운 문제 가운데 하나는 청년들의 특성을 이해하지 않은 채 장년 예배에 무조건 청년들을 포함시키는 것이다. 교회마다 청년교회 혹은 청년공동체를 위한 예배들이 생기는 좋은 시도들이 있지만 단순히 청년들을 위한 시간대를 만든다는 개념보다 설교자부터 시작하여 모든 것들이 청년공동체의 성격에 맞게 그들의 눈높이에서 출발하여 하나님께 나아가는 예배가 되도록 하는 것이 필요하다. 더불어 청년들의 영적 필요에 대해 말씀으로 바르게 응답하는 예배가 되도록 최선을 다해 준비해야 한다.

셋째, 청년 부흥이 이루어진 공동체들은 분명한 양육구조를 가지고 있다.

쉽게 말해서 대그룹으로 모일 때의 예배의 은혜와 소그룹으로 모일 때의 재미가 있어야 한다. 이를 위하여 청년공동체 자체에 양육 구조가 있어야 하고, 시간이 걸리더라도 리더들을 양육하여 세우는 일을 계속적으로 감당해야 한다. 청년들을 리더로 키워내지 않으면 청년공동체가 어린아이와 같은 모습으로 남아있을지도 모른다.

건강하게 성장한 공동체들은 청년 개인이 큐티와 성경공부, 제자훈련 모임처럼 삶 속에서도 신앙으로 살아가도록 돕는 양육, 훈련 구조를 가지고 있었다. 이것은 단순히 청년들의 신앙생활의 영역을 교회에만 국한시키는 것이 아니라, 세상의 삶에도 영향을 미치는 영성을 가지고 있다는 것이다.

넷째, 청년들과 함께 놀고 함께 생활하는 진정한 공동체 형성이 중요하다.

사실 청년공동체의 인원 감소의 원인에는 신앙의 형태가 개인주의적 성향으로 흐르는 시대 상황과 맥을 같이 하고 있다. 이것은 더 나아가 익명(匿名)을 요구하는 신앙 형태로 나타나 큰 부담이 없는 대교회 중심 수평 이동 현상으로 나타나고 있다. 의무와 헌신만을 강조하는 기존 교회의 모습들에 답답함을 느끼고 청년들이 청년공동체에서 빠져나가는 것은 어쩌면 당연한 일이다.

이런 관점에서 볼 때 청년공동체가 성장하는 교회들은 동일하게 끈끈한 공동체성을 가지고 있었다. 예를 들면 O교회는 교회 공간을 개방하여 청년들이 교회에서 공부하고, 먹고, 놀고 생활할 수 있도록 했다. 끈끈한 관계성을 가진 또래모임, 밀착형 소그룹, 생활형 공동체가 부흥하는 공동체의 특징이었다. 예배가 끝나자마자 썰물처럼 빠져나가는 공동체 구조로는 청년 부흥이 어려운 이유가 여기 있다.

다섯째, 청년공동체의 부흥을 위해서는 청년의 영적 필요와 문화, 삶에 대한 관심과 응답이 매우 중요하다.

청년사역의 어려움은 청년들의 거대한 현실적 고민들(취업, 진로, 결혼) 앞에, 이미 밀려버린 초라한 신앙의 우선순위를 회복시키며 그들을 기독교적인 가치관을 가지고 살도록 훈련하고 인도하는 일이다. 선교지에서 떡과 복음이 함께 필요한 것처럼, 청년사역은 신앙적인 접근과 그들의 삶과 문화에 함께 접근하여 균형을 잡고 그들의 영적 필요에 응답하는 사역이 되어야 한다.

우리는 성육신이라는 예수님의 자기 비움과 낮아지심에서 하나님의 구원과 사랑을 알게 된다. 마찬가지로 청년들은 신앙공동체가 신앙과 세상을 성속(聖俗)으로 나누는 이원론적인 구분이 아닌, 열려진 문화적인 수용 태도와 자신의 고민과 필요에 대한 관심과 응답이 있을 때 청년공동체에 신뢰를 갖게 된다는 것이다. 즉, 비기독교인 청년들을 위한 구도자적 관심과 열린 예배, 다양한 문화 사역을 통하여 청년들을 만나는 선교적 마인드가 있어야 한다.

또한 정말로 청년들을 사랑한다면 성육신 정신으로 그들의 아픔과 고민을 수용하고 예배의 설교, 수련회 주제 등 모든 사역을 통하여 그들의 영적 필요에 응답해야 한다.

여섯째, 부흥하는 공동체들은 예외 없이 다양한 사역의 기회를 제공하여 성장과 성숙의 기회를 제공한다.

예를 들어, 단기선교사역은 청년들에게 기도, 말씀, 생활, 사역, 팀 훈련을 단기간 내에 시킬 수 있다는 장점과 함께 자신의 비전을 재확인하고 확장시키는 역할을 하게 된다. 청년들이 은사에 따라 공동체를 위한 내부적인 사역과 단기선교, 전도, 봉사와 같은 외부적인 사역의 기회를 제공하는 것은 중요하다. 이와 같은 사역을 통해 자신의 은사와 비전을 알고, 연합과 일치를 통한 공동체성 확립은 청년 부흥으로 연결된다. 부흥이 이루어지는 공동체들은 자신들의 공동체를 경험하게 하는 다양한 사역팀을 가지고 있는 것을 보게 된다.

일곱째, 청년들을 일꾼으로 보기 전에 아직은 훈련과 양육이 필요한 존재로 여기고, 청년들이 훈련과 양육이 된 후 헌신과 사역이라는 구조를 가져야 한다.

사실 교회마다 아직 훈련되지 않은 청년들을 고등학교를 졸업하자마자 교회의 각종 일꾼으로 임명해 조기 탈진으로 교회를 등지게 하는 현실적 문제가 가장 크다. 청년들을 교회에 봉사와 사역을 위한 '일꾼'으로 보기 전에 아직은 훈련과 교육이 더 필요한 피교육자로 봐야 한다. 모든 일이 그렇듯 기초와 뿌리가 튼튼해야 오래갈 수 있다. 청년 때에 모든 힘을 다 쓰고 탈진하여 교회를 떠나 버리는 것이 아니라, 훈련받은 청년들이 장차 교회를 위해 평생 헌신할 수 있도록, 그들의 열정이 살아나고 꽃 피울 수 있도록, 배우고 훈련하는 데 우선순위를 두도록 교회적인 배려가 필요하다. 청년공동체 내에서 잘 양육받고 훈련받으면, 동기가 부여되고 신앙이 성장하면서 헌신하게 될 때 그들이 가지고 있는 능력이 극대화될 수 있다.

현재 교회의 문제는 훈련에 대한 관심보다는 청년들을 성가대, 교사 등 교회 안의 일꾼으로만 사용하는 데 있다. 많은 청년이 교회를 떠나는 이유 중에 상당수가 헌신에 대한 부담과 탈진으로 쉼을 위해서라는 대답에 집중해야 할 필요가 있다.

여덟째, 청년들을 위한 교회와 교단적인 관심과 투자, 그리고 기다림이 무엇보다 필요하다.

생명이 열매를 맺기 위해서는 씨가 먼저 땅속에 심겨지고 싹이나 줄기가 돋아 열매를 맺는 성장과 성숙의 과정이 꼭 필요하다. 인간의 생명도 어머니의 자궁의 잉태(내면화)로부터 출생(외향화)에 이르는 것처럼, 내적 성숙이 먼저 있은 후 외적 성장이 이루어진다. 이것은 청년사역과 청년들의 영적인 생명과 신앙 성장에서도 마찬가지다. 이를 위해 교회마다 장년들의 기도와 사랑, 끊임없는 관심과 실제적인 필요를 채우는 물질적인 투자가 필요하다. 더불어 청년 전담, 전문 사역자를 세우고 편안하게 최선을 다해 사역할 수 있도록 지원하고 기다려 주는 일이다.

청년을 담당하는 일반적인 목회자들이 현장에서 느끼는 것은 교회가 청년들에게 관심이 많든지, 무관심하든지 동일하게 양적 성장에 대한 큰 중압감이다. 즉 짧은 시간 안에 자신의 사역에 대한 열매가 나타나야 되기 때문에 체계적으로 기초를 세워가기보다는 공동체의 상황을 고려하지 않고, 성장하는 교회에 대한 프로그램과 구조를 무리하게 도입하다가 실패하는 사례가 계속적으로 반복되고 있다. 교단적으로 청년들을 위한 전문 사역자들이 더 많이 훈련되고 계속적인 청년전문사역에 헌신할 수 있도록 제도적 개선과 훈련이 필요하다.

한국 선교 초기에 선교사들은 미래의 주역인 청년들을 위한 교육에 집중했다. 청년들이 이 나라의 미래와 희망이었기 때문이다. 청년들을 회복하고 살리는 일, 그것은 단순한 우리의 소망이 아니라, 교회의 미래에 관한 일이고 이 시대의 분명한 부르심과 사명임을 절대로 잊어서는 안 된다. 들불처럼 일어나는 청년공동체의 부흥을 꿈꾸며 지금도 사역의 현장에서 최선을 다해 애쓰는 귀한 청년사역자들을 진심으로 축복하며 응원한다.

부 록

청년사역 고민 Q&A

청년사역자를 위한 특별 처방전

"청년사역을 하다 보니 고민이 많습니다.
이럴 땐 어떻게 해야 하나요?"

고민 1
청년들의 봉사때문에 생기는 다른 부서와의 갈등은 어떻게 해결해야 할까요?

"현재 교회 여건상 청년들이 교회학교 교사와 장년 예배를 위한 성가대 등
교회를 위한 봉사를 함께 감당해야 합니다.
그러다 보니 열심 있는 핵심 청년들은 주일이면 파김치가 되어
청년 예배나 소그룹 모임에 대한 헌신과 집중력이 현저하게 떨어집니다.
청년공동체 임원들을 비롯하여 소그룹 리더들을 교회 봉사에서
제외 시켜달라 했더니 교회학교와 성가대에서 불만을 토로하며 갈등이 생깁니다.
이런 상황 가운데서 청년공동체의 부흥은 또 기대합니다.
어떻게 해야 할까요?"

대부분의 청년사역자들이 겪게 되는 가장 큰 문제가 교회마다 청년들을 '일꾼으로 여기느냐? 아니면 신앙 성장을 위해 양육이 필요한 피교육자로 여기는가?'의 문제에서 갈등을 경험하게 됩니다. 정말 안타까운 일은 청년들이 고교 졸업 후 제대로 된 양육을 받기도 전에 봉사의 현장으로 내몰린다는 점입니다. 더욱 큰 문제는 교사나 성가대에서 헌신하는 청년들이 제대로 된 양육과 훈련 없이 봉사할 경우, 쉽게 지치고 의미를 찾지 못하고 얼마 못 가서 떠날 가능성이 크다는 사실입니다.

게다가 교회마다 봉사하는 청년들의 숫자가 점점 줄면서, 열심 있는 청년에게는 일이 집중되어, 1인 다역을 감당하다가 끝내는 탈진하여 아예 교회를 떠나 버리는 일도 적지 않게 생겨나고 있습니다. 가장 중요한 것은 청년들을 교회의 봉사와 사역을 위한 '일꾼'으로 보기

전에 아직은 훈련과 교육이 더 필요한 피교육자로 인정하는 교회적인 합의가 있어야 합니다. 세상의 모든 이치가 그러하듯 신앙생활도 기초와 뿌리가 튼튼해야 오래갈 수 있습니다.

청년 때에 모든 힘을 다 쓰고 탈진하여 신앙을 떠나 버려지는 신앙이 아니라, 훈련받은 청년들이 장차 교회를 위해 평생 헌신할 수 있도록, 배우고 훈련하는 데 우선순위를 두도록 교회적인 배려가 필요합니다. 이를 위해 담임목사님의 결단과 의지가 필요합니다. 그러나 교회마다 입장과 상황이 다르니 일반적으로 획일화하여 이야기하는 것도 어려운 일입니다. 교회가 피치 못할 상황이라면 부서 간에 갈등을 최소화하고, 서로가 윈윈할 수 있는 선택을 하도록 청년사역자는 담임목사님과 각 부서장들과 조율하고 적극 협조해야 합니다. 더불어 교회는 청년들이 성장할 수 있는 기회를 제공해야 합니다. 즉 봉사하고 사역에 참여하는 것과 개인의 믿음이 성장하는 것이 균형을 갖도록 배려해야 한다는 것입니다.

그런 의미에서 청년공동체에 대한 지속적인 관심과 투자가 필요합니다. 청년이 없는 교회는 미래가 없는 교회입니다. 청년들이 교회학교와 장년을 연결하는 교량임을 생각할 때 이 시기의 신앙 훈련과 부흥의 경험은 우선 청년들 자신에게 평생 믿음의 큰 재산을 얻게 해 줍니다. 나아가 청년들의 성장과 성숙, 부흥은 결국 장년들의 부흥으로 연결되어 각 교회의 미래 모습을 더욱 활력 있고 건강하게 해 줄 것입니다.

고민 2
사역이 너무 많은데 시간은 한정되어 있습니다. 어떻게 해야 하나요?

"청년공동체를 담당하고 있지만,
교회에서 다른 여러 사역들(교구 사역, 사무행정, 다른 교육부서)을
함께 맡고 있어, 청년공동체에만 전념할 수 없습니다.
청년공동체에 전적으로 헌신하고 싶어도 시간은 한정되어 있고,
할 일은 많고, 어떻게 해야 할까요?"

청년사역을 위해서는 질적 시간도 중요하지만, 양적인 시간도 중요합니다. 하지만 주어진 시간은 한정되어 있고 요구되어지는 역할이 많아 어려움 가운데 있다면, 먼저 청년사역자 자신의 한 주간 생활 양식을 기록하여 점검해야 합니다. 그 후에 냉정하게 내가 청년사역을 위해 사용할 수 있는 시간을 확보해야 합니다.

대부분의 사역자들이 바쁘고 분주하다고 말하는데 자신의 시간을 점검해 보면, 의외로 무질서하고 쓸데없는 데에 시간을 허비하는 일이 많습니다. 바쁨을 의미하는 한자는 망(忙)입니다. 그 의미를 살펴보면 마음(心)이 무너진(亡) 상태를 의미합니다. 다시 말해, 마음이 무질서해지면, 바쁘고 분주하고 조급해지며, 그래서 불안과 두려움이 생깁니다. 늘 바쁘고 생활 속에 시간 관리가 안 되어 마음은 원이로되 사역 자체가 힘겨워져서 청년들에게 관심과 사랑을 주지 못한다면 나의 생활을 철저하게 점검해야 합니다. 그리고 사역 가능한 시간을 체크하고, 그 시간들을 우선순위에 따라 배분하고 배치해야 합니다.

목회적 우선순위를 정하는 기준에는 중요한 일들과 긴급한 일들로 구분해야 합니다. 즉 가장 우선되어야 할 것은 중요하고 긴급한 일입니다. 두 번째는 중요하고 긴급하지 않은 일이고, 세 번째 순서가 긴급하고 중요하지 않은 일, 마지막으로 중요하지도 않고 긴급하지도 않은 일입니다. 청년사역의 영역은 사실 두 번째 영역에서 주로 이루어져야 합니다. 즉 중요한 일이지만, 쫓기듯이 긴급한 일이 되어서는 안 됩니다. 이러한 시간 배분과 사용은 사역자 개인과 공동체 모두에게 중요합니다.

사역자가 만약 청년사역을 위해서 한 주에 8시간 이하의 시간을 낼 수 밖에 없다면 청년 예배와 설교에 목숨 걸고 집중해야 합니다. 청년 리더십(임원, 소그룹 리더)들은 큐티 훈련을 통해 평상시 말씀 묵상을 하게 하고, 공동체로 모일 때는 점검과 나눔, 그리고 합심기도회가 꼭 있어야 합니다. 만약 사역자가 청년사역을 위해서 10시간 이상의 시간을 낼 수 있다면, 앞서 말씀드린 사역의 기반 위에 제자훈련 모임을 만들어 훈련시키고, 새가족들을 양육하는 일에 힘써야 합니다. 또한 청년사역자가 청년사역을 위해서 한 주 동안에 15시간 이상의 시간을 낼 수 있다면, 청년들에 대한 개별 심방과 리더십의 멘토링을 하는데 시간을 쓰고, 청년 리더십(임원, 소그룹리더, 부장)들과 함께 예배와 사역을 위한 기획, 평가 회의를 정기적으로 가지고 사역팀 점검 및 문화활동을 통한 팀 빌딩(Team Building)을 하면 좋습니다.

시간 사용에 있어 중요한 원칙은 위에 나눈 방법으로 사역의 우선순위에 따라 시간을 배분하는 일입니다. 가장 먼저 해야 할 일을 우선순위에 따라 먼저 해야 합니다. 그리고 중요한 것은 사역자 자신이 모든 것을 다 감당할 수 없다는 것을 인정하는 일입니다. 더 열심히 더 잘하고 싶지만, 할 수 없고 감당 못하는 일들에 대해서는 죄책감을 갖지 마시기 바랍니다. 본인이 감당할 수 없지만 반드시 해야 하는 일들에 대해서는 청년들에게 위임하는 구조를 만드는 일도 중요합니다. 그래도 감당이 안 된다면 담임목사님과 상담하여 사역을 일부 조정하거나, 다른 부교역자에게 도움을 요청하는 것도 한 방법입니다.

청년사역이 힘을 얻고 부흥하기 위해서는 공동체와 청년들에 대한 열정과 사랑이 있어야 합니다. 사역자 자신이 정말로 청년들을 사랑하고 진정성 있는 마음을 갖고 있는지를 먼저 물어보십시오. 사역이 일이 되어 마지못해 하는 기계적인 목회와 사역은 영혼을 살리지 못합니다. 청년사역자가 토요일에 주일 출석을 권면하기 위해, 마지못해 보내는 안부 문자의 의미를 청년들은 누구보다 잘 알고 있기 때문입니다. 이렇게 사랑이 없는 심방을 하지 않는 것만 못합니다.

관리자가 아닌 리더의 마음과 사명으로 접근하면 양적 시간의 부족함을 넘어서, 시간이 짧더라도 마음이 통하는 소통을 할 수 있습니다. 문제는 사역자의 마음과 자세입니다. 부흥을 가로막는 장애물이 많아도 청년들을 진정 사랑하고 부흥을 꿈꾸면, 하나님이 부어 주시는 놀라운 은혜와 축복이 공동체에 나타납니다. 청년들을 향한 뜨거운 사랑과 열정이 모든 것의 답입니다.

고민 3

심방에 대한 물질적인 부담은 어떻게 해야 하나요?

"모든 사역이 그러하지만 특별히 청년 목회에 있어서도
찾아가 만나는 심방이 중요하다고 생각합니다.
그런데 사실 청년을 심방하려면 물질적 부담이 많이 되어
가끔은 망설여지는 경우가 있습니다.
아직 경제 활동을 안 하는 대학생들의 경우에는 만나자고 해 놓고
돈 내라고 할 수 없습니다.
마음은 많이 만나고 싶은데, 각박한 현실 사이에서 오는 부담이 많습니다.
어떻게 해야 할까요?"

　정말로 현실적인 문제이지요. 마음으로는 많이 만나고 베풀고 싶은데, 현실에서 오는 물질적 부담도 무시할 수 없는 것도 사실입니다. 어쩌면 청년사역자에게 숙명과도 같은 이 부분에 대해 지혜가 무엇보다 필요합니다. 청년을 심방하려면 경비가 많이 지출되는 것은 분명한 사실입니다. 그러나 이러한 이유가 청년들을 돌보는 심방을 게을리하거나, 하지 않는 핑계가 되어서는 절대 안 됩니다.

　먼저 청년들의 형편에 맞는 심방의 형태를 고민하고 준비하여 찾아가길 바랍니다. 다시 말해 직장인이라면 어느 정도 규모의 식사와 차를 마시는 것을 사역자와 청년이 나누어 부담하거나 만약 청년들이 스스로 접대하기를 원한다면 사역자는 이를 자연스럽게 받는 것도 좋습니다. 그러나 대학생이나 경제활동을 안 하는 청년이라면 심방이 꼭 값비싼 식사를 해야 한다는 규정은 없습니다. 오히려 떡볶이나 편

의점에서 함께 나누는 도시락과 컵라면이 정감 있고 자연스러울 때가 있습니다. 실제로 어떤 청년사역자는 학교도서관에서 공부하는 대학생들을 심방할 때, 식사 시간을 피하여 박카스나 음료수 한 병과, 초코파이나 호빵을 준비해 가서 함께 나누어 먹으며 즐겁고 깊이 있는 만남을 가졌습니다. 그 반면 오히려 사역자가 자기를 희생하고 무리하면서 귀한 것으로 청년들을 섬겼는데, 교역자 가정의 경제 수준을 오해하고, 이후로도 지속적으로 비슷한 수준을 당연하게 누리려 하는 일도 발생합니다.

사실 먹는 것, 마시는 것은 대화와 만남을 위한 매개체이고, 심방의 목적은 만남을 통한 양육입니다. 심방은 자연스럽고 따뜻한 만남을 가지는 것이 중요하지, 부담이 커지는 주객전도의 형태로 진행되어서는 안 됩니다. 청년들과의 개별적인 만남과 교제인 심방은 절대 포기해서는 안 될 일입니다.

청년들을 만나는 심방이 청년 부흥에 중요한 것인데 사역자 자신이 경제적으로 어려움이 있다면, 담임목사님과 청년 담당 부장님과의 면담을 통해 솔직하게 말하고 지원을 받도록 하는 일도 좋은 방법입니다. 특별히 만남과 관심을 두어야 할 대상은 새로 출석한 청년입니다. 새가족이 왔을 때는 한 달 안에 꼭 만나고 함께 식사하면 정착율이 높아집니다. 이런 공식적인 심방은 청년공동체 예산에 반영하여 지원받는다는 원칙을 정해 놓는 것도 방법입니다. 뜻이 있는 곳에 길이 있다고 합니다. 문제는 마음입니다.

고민 4

담임목사님과 청년사역자 사이의 갈등은 어떻게 풀어가야 할까요?

"담임목사님과 청년사역자 사이에 청년공동체에 대한
목회 방향과 생각에 차이가 있을 때가 있습니다.
담임목사님의 요구와 방향이 도저히 용납 안 되는 부분도 발생하기도 합니다.
또한 청년공동체가 많이 부흥하고 성장하자
보이지 않게 견제하시는 것도 느껴집니다.
어떻게 해야 할까요?"

청년사역은 '교회 속의 교회'를 목회하는 것과 같아서 '작은 담임목회'라고 불리기도 합니다. 청년들에 대해 관심을 가지고 전담 사역자들을 세우는 교회조차도 1~2년이 지나면 가시적인 성과를 기대합니다. 그래서 청년을 담당하는 사역자들이 현장에서 느끼는 것은 교회적으로 청년들에게 관심이 많든지, 무관심하든지 동일하게 양적 성장에 대한 큰 중압감입니다. 즉 짧은 시간 안에 자신의 사역에 대한 결과가 성과로 나타나야 되기 때문에 바탕부터 체계적으로 기초를 세워가기 보다는 성장하는 교회의 프로그램과 구조를 무리하게 도입하다가 실패하는 사례와 그 악순환이 계속적으로 되고 있습니다. 물론 그 과정 가운데 담임목사님이 신뢰를 가지고 기다려주시는 경우도 있지만, 대부분의 청년사역자들은 양적 성장의 결과로 자신의 사역을 증명해야 합니다.

그래서 청년사역에 있어서 담임목사와의 관계가 무엇보다 중요합니다. 왜냐하면 아무리 유능한 청년공동체라도 교회의 울타리에서 벗어날 수 없기 때문입니다. 그래서 담임목사와 긴밀한 협력 관계가 필요합니다. 일단 담임목사님께 자주 청년사역에 대한 보고와 여러 상의할 일들을 가지고 의논을 드리십시오. 청년사역이 독불장군처럼 멋대로 이루어지는 것이 아니라, 담임목사의 목회 지도 안에서 이루어지고 있음을 보여주어 불안해하지 않도록 안정감을 주는 것이 중요합니다. 청년공동체에 대한 충분한 대화와 보고는 청년 담당 사역자에 대한 굳은 신뢰를 형성해 줄 것입니다.

그리고 최대한 담임목사의 목회 방향을 경청하고 자신의 사역에서 수용하십시오. 그리고 청년공동체의 행사나 특별예배 시 꼭 담임목사님의 순서와 자리를 만들어 청년들을 만나고 축복하고 접촉할 수 있는 기회를 제공하십시오. 이러한 일들이 담임목사님께 신뢰를 주고 그분의 영적 권위를 인정해 주는 일이 됩니다. 이러한 신뢰 관계가 쌓이면, 담임목사가 청년사역의 좋은 후원자요, 멘토가 될 것입니다.

그러나 담임목사도 인간이라 때로는 청년공동체의 부흥에 대하여, 사역자에 대하여 질투하거나 불편해하며, 얼토당토않은 일을 요구하는 경우가 있습니다. 이러한 일로 담임목사와 신뢰 관계가 깨어지고 대화로 해결할 수 없을 정도로 어긋난 상황이라면, 마음이 아프지만 청년공동체를 내려놓고 다른 사역지로 가는 것이 좋습니다. 불합리하고 억울해도 청년들과 공동체를 살리고 보호하기 위해, 나를 증명하는 것보다 주님과 함께 내가 죽는 것이 유익합니다.

고민 5
청년들의 현실적인 고민을 어떻게 들어줘야 할까요?

"청년들을 양육, 상담하다 보면 그들의 다양하고 현실적인 고민들에 대해,
사역자인 제가 전문성이 부족하여 '믿고 기도하자'는 답이
스스로도 답답하게 느껴질 때가 많습니다.
어떻게 해야 할까요?"

오늘의 청년들 신앙의 흐름과 문화적 특징은 한국교회의 미래를 예측한다는 점에서 눈여겨 봐야 합니다. 세상의 다양한 문화의 도전 속에 사는 청년들의 종교성은 현저하게 떨어진 가운데, 교회에서 그들은 헌신 아니면 무관심 혹은 이탈이라는 두 부류의 반응으로 나타납니다. 청년들이 스스로 말하는 예배에 참석하지 않는 이유를 들어 보면 '그냥 지루해서', '모임에서 인간관계가 부담스러워서', '자기 계발(학원 수강, 아르바이트 등)에 시간이 바빠서', '의미를 찾지 못해서'라고 스스럼없이 얘기합니다.

청소년 시절, 학교 입시 중심의 교육 앞에 믿음의 가정에서조차 뒤바뀐 신앙의 우선순위와 세속적 가치관은 청년들을 영적 무기력과 무관심에 빠지게 하여 교회로부터 멀어지게 하고 있습니다.

교회 안의 모습은 어떠합니까? 청년들에 대한 교회 어른들의 무관심과 이해 부족, 교회답지 못한 모습에 대한 실망, 문화적 수용성 부족으로 인해, 오늘날 대부분 교회 청년공동체들은 청년이 사라져 버린 기형적이고 병든 모습으로 허덕이고 있습니다.

신앙적으로 전혀 '깊은 고민 없는 세대'가 오늘 이 시대의 청년들입니다. 청년들은 신앙이 자신에게 이익이 되지 않으면 주저하거나 망설임 없이 교회를 떠납니다. 그런가 하면 반대로 신앙적으로 열심인 청년들에게도 남모를 고민은 있습니다. 교회 생활에 너무 충실하다는 것이 경쟁사회에서 남들에 비해 뒤떨어지는 것 같고, 시대착오적인 생각처럼 느껴지는 까닭입니다. 현대 사회는 더욱 경쟁이 심해지고, 생존을 위한 취업에 대한 비관적인 전망이 여기저기서 나오는 것이 지금의 엄연한 현실입니다.

그러한 이유로 비그리스도인인 다른 청년들이 방학이나 여가 시간까지 쪼개어 어학연수나 배낭여행, 각종 취직 준비, 자격증 준비 등에 몰두하는 한편, 아르바이트까지 하며 바쁘게 지내고 있습니다. 그런데 그리스도인인 청년들은 교회를 위해 봉사하며 헌신하느라 세상이 요구하는 실력과 구체적인 취업 준비가 다른 사람에 비해 뒤처지는 것 같은 느낌에서 오는 갈등들이 많은 것도 사실입니다. 즉, 주어진 시간은 부족하고 할 일은 많은, 헌신과 진로 사이에서 청년들은 고민하며 늘 불안감을 느낍니다.

취업과 진로, 신앙에 대한 고민뿐 아니라, 연애와 결혼, 독신과 이혼, 동성애 등의 성 윤리와 진화론, 경제정의, 물질관, 정치와 사회적 소외에 대한 신앙적 의문까지, 현대 사회의 제반 문제들에 대한 청년들의 관심과 고민은 실로 넓고 광범위합니다.

이러한 질문과 고민에 바르게 응답하기에 사역자의 전문성이 부족한 것도 사실입니다. 청년사역의 어려움은 청년들의 이러한 현실적 고민에 어떻게 응답할 수 있는가의 문제입니다. 이러한 상황 속에서 많은 청년 그리스도인들이 완전히 세속적이지도 않고, 그렇다고 해서 이러한 사회의 문제와 싸워 이기는 능력 있는 그리스도인도 아닌, 어중간한 모습으로 살아가고 있습니다.

앞으로는 교회의 문화적 수용성과 청년에 대한 사랑과 관심이 교회의 미래와 청년 선교에 중요한 척도가 될 것이라 생각합니다. 먼저 사역자들이 전문성은 부족해도 청년들의 삶의 고민과 문제에 대해 공감하고 들어 주는 좋은 상담자, 친구는 될 수 있습니다. 더불어 선교지에 떡과 복음이 함께 필요한 것처럼, 그들에게 필요한 것은 사랑과 관심입니다. 청년들이 세상 속에서 하나님 나라의 가치관으로 살아갈 수 있도록 성경적인 가치관과 믿음으로, 삶의 균형을 잡아 주는 것이 중요합니다.

현실적인 고민에 대한 응답은 충분하지 않을지라도, 과거에도 주님의 사랑과 은혜, 복음의 능력이 시대를 넘어 역사했듯이, 지금 이 시대에도 청년들에게 무엇보다 필요한 것은 우리를 통해 흘러가는 주님의 뜨거운 사랑과 시대를 넘어서 역사하는 진리인 변함없는 하나님의 말씀입니다.

베드로의 고백처럼 은과 금은 우리에게 없지만, 예수님 이름의 능력과 말씀으로 청년들을 일으켜 세워야 합니다.

고민 6
전혀 변화되지 않는 청년 지체를 어떻게 지도해야 할까요?

"오랜 시간 청년공동체에서 예배하고 훈련받지만,
전혀 변화되지 않고 아직도 청년공동체에 은혜의 장애물이 되는
다양한 부류의 청년들이 있습니다.
어떻게 지도해야 할까요?"

청년목회자연합에서 펴낸 '청년대학부 TNT부흥'이란 책을 보면 청년대학부의 상황을 종합하여 10가지로 분석한 자료를 통해 대부분 교회 상황들을 엿볼 수 있습니다. 그 내용을 보면 다음과 같습니다.

- 철새교역자 – 바쁘고 자주 교체되고 당회와 청년들 사이에 낀 사역자
- 마당쇠 청년들 – 교회학교 교사로, 성가대원으로, 청년공동체 임원으로 정신없는 1인 다역의 청년들
- 빠져나간 기둥들 – 선교단체로, 대형교회로, 또는 선교지로 떠나가는, 그나마 있는 기둥 같은 청년들
- 교회 안에 머물러 있으며 청년 부흥의 장애가 되는 청년들의 모습들, 말하자면 터줏대감 – 기수, 나이 따지고 터줏대감 노릇하고 뻔질거리는 청년들, 특히 교회 중직자의 자녀
- 패잔병들 – 이성 교제로 얽히고설키고, 학력, 학벌 차이로 어울리지 못하고, 열등의식과 패배주의에 사로잡혀 있는 청년들
- 허수아비 청년들 – 돈 없고 빽 없는 청년들

- 만년야당 청년들 – 상처 많고 불만 많고 버릇없는 청년들
- 범생이들 – 노인 같고 모범생 같고 바보 같은 이른바 성실한 청년들
- 불신 풍조 임원들 – 교역자에 대한 불신 때문에 지나친 피해의식, 보호 의식, 방어 의식으로 무장 되어있는 임원들
- 달동네 청년들 – 자원난, 인재난, 시설 및 공간난에 시달리는 청년들

청년공동체마다 이런 청년들이 존재하고 있습니다.

한국교회가 대부분 청년들 삶의 상황에 응답하지 못한 채, 체계적인 훈련과 양육을 통한 공급 없이 봉사만 시키기 때문에 청년들이 영적으로 소진하게 되어 일어나는 현상들입니다. 그래서 영적으로 갈급한 청년들은 자신의 공동체 출석을 포기하고 선교단체에서 훈련을 받거나, 구조적으로 예배와 양육 시스템이 잘 짜여진 교회로 옮기는 수평 이동 현상이 일어나고 있습니다.

그나마 빈약한 각 교회의 열심 있는 청년들조차도 잘 되는 큰 교회로 이동하여, 청년공동체 가운데도 빈익빈, 부익부 현상이 심각해지고 있습니다. 거기에다 남아 있는 청년들의 상황도 위에서 언급했듯이 온전치 못한 경우가 많이 있습니다.

상처와 문제가 많은 청년들을 어떻게 잘 지도할 수 있는가라는 질문에 대한 가장 정확한 대답은 "청년들을 사랑하라"는 말로 요약할 수 있습니다. 물론 어떻게 사랑할 것인가 하는 문제가 남아있기는 하지만 부흥을 목적으로 도구로 삼는 것이 아니라, 청년들을 먼저 진심

으로 사랑하는 것이 청년공동체를 세우는 지름길입니다.

가정의 문제와 많은 어려움과 상처로 군대 가는 것을 두려워하는 청년을 위해서 입대 전 함께 시간을 보내고 머리를 같이 빡빡 밀었던 E교회의 목사님처럼, 청년들과 친구가 되고 그들의 희로애락에 깊이 참여하여 함께 호흡하는 것입니다. 인간을 사랑하셔서 하나님이 인간이 되신 것처럼 말입니다.

그러면 청년공동체에 부흥이 일어나지 않는 이유는 무엇입니까? 그것은 반대로 말해 청년들을 진심으로, 전심으로 사랑하지 못하기 때문입니다. 사랑의 소외는 떠남을 의미합니다. 인구성장률 감소를 고려하더라도 분명 교회에서 미래의 희망인 청년들이 줄어들고 있는 이유는 있는 모습 그대로 받아주셨던 예수 그리스도의 사랑과 생명을 청년공동체에서 발견하지 못했기 때문입니다.

예수님께서 이 땅에 하나님 나라 확장과 세상의 변화를 위해 선택하신 방법은 청년들이었습니다. 유혹에 약하고 부족하고 문제투성이인 청년들을 세상을 향한 구원의 동역자로 삼으신 이유가 무엇입니까? 그들 안에 있는 숨겨진 열정, 생명의 가능성을 보셨기 때문이었습니다. 초라하고 허물 많았던 청년 제자들에 의해 세상은 복음으로 변화하기 시작했습니다. 여러분 곁에 있는 걸림돌이 언젠가 사랑으로 세상과 생명을 위한 디딤돌이 될 것입니다. 겸손히 예수 그리스도의 마음을 구하십시오. 사랑이면 충분합니다.

고민 7
이성인 청년을 심방할 때 문제가 생기지 않으려면 어떻게 해야 할까요?

> "최근 한국교회에서 사회적으로 문제가 되는 부분 가운데 하나가
> 목회자의 성적(性的) 타락입니다.
> 청년사역을 하다 보면 필수적으로 자매(형제)와의 만남,
> 즉 심방이나 신앙 상담을 해야 할 경우가 있습니다.
> 문제가 생기지 않도록 하려면 어떻게 해야 할까요?"

보통 목회자들이 대표적으로 조심해야 할 것으로 돈(물질), 권력, 성(性;sex), 이 세 가지를 말합니다. 이 가운데 청년사역자에게 가장 심각한 유혹은 성적 유혹입니다. 목회자의 성적 타락은 단순히 자기 자신과 또 관계된 대상에게 상처를 주는 것만으로 끝나는 게 아니라, 사역자의 가정이 무너지고, 더 나아가 청년공동체가 와해되고 교회 자체가 큰 시험에 들기도 합니다.

최근 몇 년간 한국교회는 대표적인 청년 중심의 교회였던 S교회 J목사 사건과 청소년, 청년 R선교단체 대표인 L목사의 성범죄 사건으로 많은 청년들이 실망하여 교회를 떠나는 등 청년사역과 부흥, 선교에 너무도 큰 상처를 입었습니다. 청년사역자들이 성적 유혹에 빠지는 경우는 대개 두 가지 경우입니다.

하나는 포르노그라피(pornography)에 빠져 스스로 성적 유혹을 일으키는 영상과 사진을 몰래 즐기는 일입니다. 이 부분의 문제를 그냥 사역자가 스트레스 해소라는 개인적 일탈 차원의 문제로 내버려 둘 수

없는 것은 사역자 본인의 영성뿐 아니라, 청년공동체에 미치는 해가 크기 때문입니다. 즉, 이런 자극과 유혹에 자주 노출되다 보면, 현실에서 비슷한 환경과 상황이 주어지면 자신도 모르게 실제 행동으로 나타날 수 있기 때문입니다. 사역자는 자기 자신을 너무 신뢰하지 말고, 자신의 약함과 한계를 인정해야 합니다.

다른 하나는 양육 대상인 자매(형제)의 관계 가운데 실제적인 성적 유혹에 빠지는 경우입니다. 청년들은 사역자에 대해 '우리 목사님은 절대 그럴 분이 아니라'는 무조건적인 신뢰가 있습니다. 이것을 사역자가 악용하여 위계(位階)에 의한 성폭력이나 쌍방 간에 화간(和姦)의 형태로 나타나기도 합니다.

특별히 청년사역자들은 사역 가운데 이러한 수많은 유혹에 노출되어 있습니다. 사역자의 성적 문제는 절대 불가항력적인 것이 아닙니다. 사역자 스스로가 바른 기준을 세우고 지킨다면, 충분히 예방할 수 있고 힘 있는 사역을 감당할 수 있습니다.

먼저 기준으로 삼아야 할 것은 첫째로, <u>스스로 성적 유혹을 받을 수 있는 상황이나 오해 받을 수 있는 상황을 만들지 않는 것입니다.</u> 예를 들면, 선배 목사님들께 귀에 못이 박히도록 들었던 것 가운데 하나가 '목회자가 차를 운전할 때 옆자리에 아내나 동성(同性)을 제외하고 누구도 태우지 말라'는 것입니다. 또한 이성(異性)과 상담할 때는 꼭 상담하는 장소의 문을 열어 놓고, 심방할 때도 혼자 가는 일이 없도록 해야 한다는 것입니다. 양육이나 심방에서 일대일로 만날 경우에는 공개적으로 오픈된 장소(오픈되지 않아도 CCTV는 설치 된 장소)에서 만나 대화함으로, 누가 보더라도 오해할 상황을 만들지 말아야 합니다.

실제로 사역의 현장에서 목회자에 대한 연모(戀慕)하는 마음을 가진 사매가 자신의 마음을 받아주지 않자, 일대일 양육 후 성추행을 당했다고 소문을 퍼트려 사역자가 많은 어려움을 겪은 일이 있습니다. 차후에 무고함이 밝혀졌지만 청년사역자는 더 이상 그 공동체에서 사역을 할 수 없었고, 사실이 아니었음에도 그 일로 인해 공동체는 와해되었습니다.

둘째로, 멘토나 피어그룹(peer group)을 두는 것도 좋은 방법입니다. 쉼 없이 사역을 감당하며 기도, 설교, 양육, 상담하면서 정작 자신을 돌보고 훈련하는 일이 등한시될 때, 목회자의 탈진과 성적 탈선은 너무나도 쉽게 결합되어 문제로 나타나기 때문입니다. 사역에 대한 고민 뿐 아니라, 이성 문제에 대한 고민도 모임에서 내어놓으며 도움을 받을 수 있는 그룹은 서로에게 좋은 격려자, 동반자의 역할을 하게 됩니다.

셋째로, 미혼인 사역자는 스스로 성적 유혹을 이길 수 있는 방법을 찾는 일이 중요합니다. 유혹이 찾아올 때 혼자 있지 말고, 운동이든지, 정기적인 취미 활동을 통해 유혹을 이기는 것입니다. 기혼 사역자라면 정서적이고 실제적인 친밀한 부부관계가 중요합니다. 부부간에 신뢰와 친밀함이 뒷받침되지 않으면 성적 유혹에 쉽게 빠지게 됩니다. 성적 유혹에 대해 사역자 스스로 자만하지 말고, 순간의 잘못된 선택으로 사역자 자신과 가정, 청년공동체가 불행해지는 일이 없도록 늘 깨어있어야 하고 언제나 주의해야 합니다.

고민 8
사역자로서, 가정과 교회 둘 다 충실하려면 어떻게 해야 하나요?

"청년사역의 대부분이
평일 저녁과 주말과 주일 오후에 이루어지다 보니,
가정에서 아내와 자녀들과 함께하는 시간이
절대적으로 부족하여 고민이 많습니다.
사역에 중심을 두다 보니
언제나 바쁜 나쁜(?) 아빠, 나쁜(?) 남편이 되어가고 있습니다.
그래서 가정을 먼저 돌보려 하면
청년들과 교회에 사역에 열심 없는 목회자로 비춰집니다.
어떻게 균형을 잡아야 할까요?"

청년사역에 온몸과 마음을 다해 헌신했던 한 사역자가 들려준 이야기가 있습니다. 유치원에 다니는 딸이 어느 날 '나의 가족'이란 그림을 그려 가져왔는데, 엄마와 오빠, 자신은 그렸는데 아빠인 자신은 그림에 없더라는 것입니다. 뒤늦게 그림을 보고 "아빠는 왜 그림에 없어?" 하고 물었습니다. 당황한 딸로부터 "아빠는 늘 집에 없잖아"라는 대답을 듣고, 아이들에게 너무도 미안하여 방 안에서 소리를 죽여 한참을 울었다는 이야기였습니다. 교회 사역과 가정생활의 균형 문제는 청년사역자뿐만 아니라 모든 사역자들이 공통적으로 겪고 있는 어려움 가운데 하나입니다.

유리집 신드롬(Glass House Syndrome)은 사역자 가정이 갖는 문제 가운데 하나입니다. 목회자 자신뿐만이 아니라 사모와 자녀들이 유리로 만든 집에 사는 것처럼 사생활이 공인처럼 드러나고 관찰과 평가의 대상이 되면서 목회자의 가정에 주어지는 스트레스를 말합니다. 경제적으로 어려운 청년들보다 집이 조금만 커도 이유 없이 미안하고, 집이 지저분하면 게으르다 할까 겁나고, 유행 지난 옷이면 촌스럽다 할까 봐 신경 쓰이고, 늘 긴장해야 합니다. 사역자와 가족이 편안히 쉬고 충전해야 할 가정이 청년사역에서는 자주 사역의 현장으로 변합니다.

라면 봉지 들고 무턱대고 들어와 냉장고를 싹 비우고 가는 청년들은 그래도 양반입니다. 청년들은 권위적인 목사보다는 인간적인 목사를 찾으면서, 사역자의 가정은 시도 때도 없이 다양한 문제 상황들에 대해 하소연하는 청년들을 위한 상담소가 되기도 합니다.

청년사역자의 대부분이 가정도 목회의 연속이고, 사실 가족보다도 목회가 항상 우선적입니다. 하나님의 일을 위해 열심히 살아왔지만 아빠로서, 남편으로서의 삶은 너무도 부족합니다. 그래서 사역자들에게는 삶과 사역 사이에서 바른 균형을 잡는 일들이 필요합니다.

하나님을 사랑하고 이웃을 사랑하라는 것에 대해 첫째 계명을 너무 잘 지켰지만 가장 가까운 이웃인 가족을 사랑하고 섬기는 것도 중요한 일임을 알아야 합니다.

<u>사역을 위해 필요할 때는 가정을 열고 섬기되, 가족과 자신의 쉼과 함께하는 시간의 귀중함을 알고 상황에 따라 "아니오(No)" 할 줄도 아는 사역자가 되어야 합니다. 최선을 다해서 사역하되, 가정도 중요한 사역의 대상임을 알고 시간과 물질을 투자해야만 합니다.</u>

청년들을 열심히 사랑하지만 가정을 위한 시간의 필요성을 솔직히 드러내고, 서로에게 부담이 아니라 이해하는 선에서 균형을 잡는 것입니다. 어떤 청년공동체는 2~3개월에 한 번은 청년 전체가 가정 사역의 주간으로 정해 사역자와 청년들도 가정에서 가족, 부모님과 함께 하는 시간을 가져 교회 전체 공동체에도 긍정적인 영향을 미치고 있다고 합니다.

너무 사역에만 헌신적인 것도 문제지만, 그와 반대로 사역보다 너무도 가정 중심적인 사역자도 문제입니다. 청년모임이 끝나면 언제나 청년 누구보다 먼저 교회에서 빠져나와 가정으로 향하는 사역자가 맡은 공동체에 무슨 헌신과 부흥이 있겠습니까? 조화와 균형을 위한 지혜를 하나님께 구하고 공동체에서 함께 공유하기를 바랍니다.

고민 9
청년들의 이성 교제 어느 부분까지 간섭(?)하고 지도해야 할까요?

"**청년공동체** 안에서 남녀 청년들의 이성 교제로 인해
사역 전체와 청년 사이 관계에 많은 문제가 발생하고 있습니다.
더불어 믿지 않는 청년들과의 이성 교제와 결혼문제로
고민하며 갈등하는 청년들도 많습니다.
청년 담당 사역자가 청년들의 삶과 신앙,
어느 부분까지 간섭(?)하고 지도해야하는지요?"

이성에 대한 관심과 서로를 찾는 만남에 대한 욕구는 청년 시기에 자연스러운 일입니다. 그러나 과거에 비해 지금의 청년들은 사랑을 떠올리면, 대부분 정신적 사랑보다 육체의 관계로 인식합니다. 영화는 물론 그나마 엄격하다는 지상파 방송에서조차 만난 지 얼마 안 되는 남녀들조차 사랑에 빠지면 금방 육체적 성관계가 이루어지는 것이 이 시대의 성 담론이고 문화입니다. 성(性)과 연애에 대한 시대적 가치관의 변화가 그만큼 급속하게 달라졌습니다.

이러한 변화는 교회 안에 있는 신앙 있는 청년들에게도 동일하게 적용됩니다. 그런데 교회는 이러한 부분에 대해 대부분 폐쇄적입니다. 이 중요한 부분을 구체적으로 담아낼 의지가 없고, 소화할 능력도 없는 실정입니다. 그러다 보니 크리스천 청년들조차 이성 교제와 결혼에 대해 성경적인 분명한 기준에 대한 가르침을 받지 못하고 자기 방식대로 각자 알아서 처리하고 있는 실정입니다.

청년공동체에서 이 부분을 무시하고, 쉬쉬하다 보면 결국 사고가 터집니다. 가끔 청년공동체 안에서 사귀다 헤어지는 커플들이 있습니다. 연애가 깨지면 보통은 둘 중 하나가 교회를 나가거나 둘 다 나가기도 합니다. 헤어진 뒤 어색하고 불편한 감정 때문이기도 하지만, 사실 성관계에 대한 죄책감 때문입니다. 연애가 뜨거울 때는 몰랐던 신앙적 정죄감이 밀려오는 것입니다.

특히 임원이나 소그룹 리더 등, 핵심 리더십 그룹에서 이런 일이 생기면 청년 수가 작은 공동체의 경우 공동체가 완전히 깨어지는 일도 있습니다. 남겨진 청년들은 서로 잘잘못을 따지다가 공동체 전체의 싸움으로 번지고 관계에서 갈등을 경험하기도 합니다.

먼저 청년사역에서 이성 교제, 연애와 결혼에 대한 바른 양육과 훈련이 이루어져야 합니다. 즉 성과 이성 교제에 대한 부분을 교회에서 다루는 것을 부끄러워할 것이 아니라 자연스러운 것으로 여기고, 성경이 말하는 방향으로 바르게 선택하고 살아가도록 도와야 합니다.

Y교회 청년공동체는 해마다 연애와 결혼에 대한 테마예배를 기획하고 진행합니다. 강단에 강대상을 치우고 소파를 배치하여 편안한 토크쇼 분위기로 준비하고, 갓 결혼한 선배 커플을 초청하거나 오래된 장년 잉꼬부부 등을 초청하여 토크 설교로 진행합니다. 연애과정, 결혼의 의미를 정리해 주고 꼭 필요한 부분을 재미있게 나눕니다. 연애에 대한 부분을 다루며 스킨십의 범위를 비롯, 민감한 주제인 성관계가 주는 책임과 의미, 피임의 문제까지 피하지 않고 돌직구로 분명하게 다룹니다. 즉 현실처럼 불타는 감정의 사랑이 아니라, 상대에

대한 책임, 희생이라는 가치를 전해줍니다.

　이성 교제에 대해 모두를 대상으로 예배를 통해 양육했다면, 공동체 가운데 이성 교제 중인 청년들에 대해서는 불러서 두 사람의 만남을 축복해주고 구체적으로 교제 가운데 지켜야 할 부분들을 알려주어야 합니다. 연애는 50%의 양자의 가능성(헤어짐 아니면 결혼)을 가지고 있음을 인지시키고, 교제 기간 동안 큰 문제가 없도록, 헤어져도 공동체와 신앙생활에 큰 문제가 생기지 않도록 지도해야 합니다. 그리고 지속적으로 관심을 가지고 만남을 점검하는 것도 공동체를 위한 청년사역자의 중요한 일입니다. 앞서 언급했듯이 이성 교제의 깨어짐으로 인해 공동체가 어려움을 겪지 않도록 하기 위함입니다.

　또한 이성 교제로 인한 상처와 아픔을 가진 청년들이 있다면, 특별한 관심과 사랑으로 돌봄을 통해 잘 회복되도록 배려해야 합니다. 더불어 청년사역자가 관심 가져야 할 부분 가운데 하나는 공동체 안에 동성애에 대한 부분입니다. 어느 청년공동체에서는 수련회 숙소에서 다년간 지속적으로 동성에 대한 성추행이 발생하였습니다. 처음에는 잠버릇인줄 알고 쉽게 생각했다가 갈수록 점점 수위가 높아져 넘지 말아야할 일이 생긴 후, 뒤늦게 수습하느라 어려움을 겪기도 했습니다.

　청년사역자는 시대의 세속화된 성 윤리와 문화에 맞서 뱀처럼 지혜롭고 비둘기처럼 순결해야 합니다. 시대를 거슬러 하나님이 창조하신 원형이 회복되도록 청년들을 잘 세워야 합니다.

조세영 목사

역사가 백 년이 넘는 서울 용두동교회에서 청년교회를 담당하여, 공동체를 건강하게 세우고 그곳에서 큰 부흥을 경험하다가 2010년부터 서울 강동구에 위치한 금성교회 담임목사로 섬기고 있다. 멘토 없이 맨땅에 헤딩하면서 경험했던 청년 사역의 과정과 열매를 꼭 후배들에게 남겨 주기를 원하는 감리교 청년전문사역의 1세대라 할 수 있다. 감리교 교육국과 함께 청년사역자들을 위한 〈감리교청년사역전문훈련과정/ Y.M.T.C〉와 청년 리더십 훈련을 위한 〈청년리더십학교/L.T.S〉를 기획, 시작하였다.

청년목회자연합(Young2080) 중앙위원, 감리교교육국 청년정책위원 등을 역임했으며, 교육 잡지인 「신앙과 교육」의 많은 원고를 집필했고 편집위원을 역임했다.

감리교신학대학교에서 신학을 전공했으며, 신학대학원에서 석사학위(Th.M)를, 미국 fuller Theological Seminary에서 "전통적인 교회에서의 청년부 부흥 전략"으로 목회학 박사 학위(D.Min)를 받았다.

저서로는 『건강한 12교회 청년대학부 부흥전략』(기독신문사) 공저, 『사역자를 위한 베스트 설교』(기독신문사) 공저, 『파워스톰 성경공부 시리즈 1~6권』(도서출판 KMC), 『감리교 여름성경학교, 겨울성경학교 교재』 등이 있다.

현철호 목사

한국선교 초기 감리교회인 아현교회 청년교회를 담당하여 비전과 열정으로 청년들을 세워 건강한 공동체로 성장, 부흥시킨 감리교 청년전문사역의 1세대라 할 수 있다. 2010년부터 강북에서 건강하게 성장하는 교회로 알려진 백운교회 담임목사로 섬기고 있다.

지금도 D.T.S강사로서 탁월한 강의로 많은 공동체를 섬기고 있으며, 감리교 청년정책위원, 청년목회자연합(Young2080) 중앙위원, Young2080훈련원 이사를 역임했다.

감리교신학대학교 신학과(Th.B), 감리교신학대학 신학대학원(Th.M)에서 공부했으며, Haggai Institute에서 리더십 훈련을 받고 수료하였다. 미국 Wesley Theological Seminary(D. Min)에서 "효과적인 단기선교의 조직과 운영에 관한 연구"로 학위를 받았다.

김영석 목사

도심지 교회는 여러 장애 요인으로 부흥할 수 없다는 선입견을 멋있게 깨뜨려 버린 청년사역자다. 서울 도심 광화문에 위치한 종교교회의 청년들을 담당하여, 60명의 인원을 400명으로 부흥시킨 바 있다. 청년들에게 어울리는 젊은 감각의 설교와 기획, 디자인에 은사가 있어 건강하고 멋진 전설적인 청년 공동체를 이루었다. 2014년부터는 배화여대 교목 및 교수로 사역하고 있다.
감리교 교육국 청년정책위원으로 활동하고 있고, 예배 사역팀인 어노인팅의 설교 목사로 섬기고 있다.
감리교신학대학교 신학과(Th.B)와 감리교신학대학 대학원(Th.M)에서 공부했고, 미국에 위치한 Wesley Theological Seminary(D.Min)에서 목회학박사 학위를 받았다.

심은수 목사

서울 대림동에 위치한 베다니교회에서 청년공동체가 교회 안에서 장년들과 유기적인 관계를 맺고 함께 성장하는 건강한 모델로의 성장과 부흥을 경험한 사역자다. 지성과 감성이 조화된 설교와 사역을 통해 공동체를 변화시키는 강점이 있으며 현재는 서울 서대문 은제교회 담임목사로 섬기고 있다.
인천 만석교회, 베다니교회 청년담당목사 및 선임 부목사를 역임했고, 감리교 교육국 청년정책위원으로 활동하고 있다.
감리교신학대학교 신학과(Th.B), 감리교신학대학 신학대학원(Th.M)을 졸업했고, 미국 Wesley Theological Seminary(D.Min)에서 "세대간 연결을 통한 건강한 교회 세우기"라는 주제로 목회학박사 학위를 받았다.

사명선언문

너희가 흠이 없고 순전하여……세상에서 그들 가운데 빛들로
나타내며 생명의 말씀을 밝혀 _ 빌 2:15-16

1. 생명을 담겠습니다
만드는 책에 주님 주신 생명을 담겠습니다.
그 책으로 복음을 선포하겠습니다.

2. 말씀을 밝히겠습니다
생명의 근본은 말씀입니다.
말씀을 밝혀 성도와 교회의 성장을 돕겠습니다.

3. 빛이 되겠습니다
시대와 영혼의 어두움을 밝혀 주님 앞으로 이끄는
빛이 되는 책을 만들겠습니다.

4. 순전히 행하겠습니다
책을 만들고 전하는 일과 경영하는 일에 부끄러움이 없는
정직함으로 행하겠습니다.

5. 끝까지 전파하겠습니다
모든 사람에게, 땅 끝까지, 주님 오시는 그날까지
복음을 전하는 사명을 다하겠습니다.

서점 안내

광화문점　서울시 종로구 새문안로 69 구세군회관 1층
　　　　　　02)737-2288 / 02)737-4623(F)

강남점　　서울시 서초구 신반포로 177 반포쇼핑타운 3동 2층
　　　　　　02)595-1211 / 02)595-3549(F)

구로점　　서울시 동작구 시흥대로 602, 3층 302호
　　　　　　02)858-8744 / 02)838-0653(F)

노원점　　서울시 노원구 동일로 1366 삼봉빌딩 지하 1층
　　　　　　02)938-7979 / 02)3391-6169(F)

일산점　　경기도 고양시 일산서구 중앙로 1391 레이크타운 지하 1층
　　　　　　031)916-8787 / 031)916-8788(F)

의정부점　경기도 의정부시 청사로47번길 12 성산타워 3층
　　　　　　031)845-0600 / 031)852-6930(F)

인터넷서점　www.lifebook.co.kr